教师如何开好主题班会

周金全 编著

北京出版集团公司
北京教育出版社

图书在版编目（CIP）数据

教师如何开好主题班会 / 周金全编著 . — 北京：
北京教育出版社 , 2020.1
（名校名师丛书）
ISBN 978-7-5704-0413-1

Ⅰ. ①教… Ⅱ. ①周… Ⅲ. ①班会—中小学 Ⅳ.
① G635.5

中国版本图书馆 CIP 数据核字 (2018) 第 146128 号

名校名师丛书
教师如何开好主题班会

周金全　编著

*

北京出版集团公司　出版
北京教育出版社
（北京北三环中路 6 号）
邮政编码：100120

网址：www.bph.com.cn
北京出版集团公司总发行
全国各地书店经销
天津兴湘印务有限公司印刷

*

710×1000　　16 开本　　15 印张　　190 千字
2020 年 1 月第 1 版　　2020 年 1 月第 1 次印刷
ISBN 978-7-5704-0413-1
定价：43.00 元

版权所有　翻印必究

质量监督电话：（010）58572393　58572817　58572750

前　言

关于正确处理人民内部矛盾的问题》中指出："我们的教育方针，应该使受教育者在德育、智育、体育几方面都得到发展，成为有社会主义觉悟的有文化的劳动者。"

面对现代教育的发展趋势和现代社会对人才的要求，学校教学的指导思想，也发生了巨大的变化，突出强调要尊重教师和学生对教学内容的选择，注重教学评价的多样性，使课程在利于激发学生兴趣的前提下，促进学生在身体、心理和社会适应能力等各方面的健康、和谐发展。

教师在新课程中也发生了巨大的角色转换。教师不再只是知识技能的传授者和管理者，更是学生健康发展的促进者和引导者。教师的主要角色已从认知技能的传授者转变为学生发展的促进者；师生关系也从传统的"师道尊严"转变成伙伴关系、朋友关系。

教师作为促进者的更多表现为：帮助学生确定适当的学习目标，并确认和协调达到目标的最佳途径；指导学生形成良好的学习习惯、掌握学习策略和发展学习的能力；设置丰富的教学情境，激发学生的学习动机和学习兴趣，充分调动学生学习的积极性；尽可能地为学生提供各种便利，营造接纳的支持性的课堂气氛；与学生一起分享他们的情感体验和成功喜悦，在无形中体味教育的真谛。

主题班会建设是现代课堂互动教育中不可小视的一环，也是学校教育的重要阵地之一。它可以全面细致地贯彻党的教育方针，通过教师精心的构思和准备，积极地调动学生的学习热情，使学生在快乐而又宽松的环境中得到学习和情感上的提升，更加热爱自己的祖国，更加理解父母的辛劳，更加关心身边的实事，等等。

《教师如何开好主题班会》一书以理论和实例相结合，配以图表详说，将主题班会的概念、意义、目的和具体的组织方法加以阐释，注意关注不同年

龄段学生的差别与要求。全书以分类详解的方式分条列项，以知识点事例的形式，分别根据不同的主题内容进行叙述；在理论基础上配以实例阐述，使问题更加清晰明了，简单易懂。

当然，由于编著者的能力所限，不足之处仍不可避免。我们衷心期待着同仁及读者们的建议，以使本书趋于成熟和完善。

编　者

目 录

第一章 主题班会具有哪些属性 　　1

　　一、群体性 　　2
　　　（一）群体目标教育 　　2
　　　（二）群体志趣教育 　　3
　　　（三）群体规范教育 　　4
　　二、指导性 　　4
　　三、行进性 　　5

第二章 主题班会有哪些主要阶段 　　6

　　一、前期准备阶段——自我认识、自设主题 　　6
　　二、筹划阶段——自我参与、自我鼓励 　　7
　　三、展示阶段——自我体验、自我强化 　　7
　　四、反馈阶段——自我监督、自我评价 　　8
　　五、发展阶段——自我协调、自我完善 　　8

第三章 模拟式主题班会 　　10

　　一、班会背景（模拟法庭） 　　11
　　二、班会目的、准备 　　11
　　三、班会过程 　　12
　　　（一）程序 　　12
　　　（二）活动纪实 　　13
　　四、班会小结 　　21

第四章　交流式主题班会　22

一、架设心桥，消除代沟　23
（一）班会背景　23
（二）班会目的　23
（三）活动纪实　24
1. 小品表演：《感悟亲情》　24
2. 男声独唱：《懂你》　27
3. Flash 动画片：《仇人》　28
4. 配乐散文朗诵：《那天你生日》　31
5. 歌舞表演：《酒干倘卖无》　33
6. 调查活动：了解父母　33
7. 播放电视小品：《空白的空间》　34
8. 师生对话：我想对你说　37
9. 女声独唱：《长大后我就成了你》　43
10. 合唱：《难忘今宵》　43

（四）班会小结　43

二、学习方法交流班会　44
（一）班会目的、重点及形式　44
（二）班会纪实　44
1. 自信是成功的基础　45
2. 抓好"课前、课堂、课后"三环节　48
3. 注意"课堂、课后、时间、态度"学习中的四因素　50
4. 如何解数学题　51
5. 如何学习地理　52
6. 考前的复习　53
7. 对待考试的态度　54

目 录

  8. 班主任发言   54
 （三）班会小结   58

第五章 文娱式主题班会 59

 一、说说咱们的服饰美 60
  （一）班会背景 60
  （二）班会目的 60
  （三）班会准备 61
  （四）活动纪实 61
   1. 谈美的名言警句 62
   2. 小品表演：《得体不得体》 64
   3. 学生讨论怎样着装才算得体 66
   4. 重温《学生日常行为规范》 67
   5. 关于服饰美丑的判断 67
   6. 电视纪实片：《买安踏鞋》 68
   7. 实话实说：如何看待中学生穿名牌 68
   8. 学生时装表演 71
   9. 讨论：学生要不要统一服装 72
   10. 服饰除污小窍门介绍 74
  （五）班会小结 75

 二、让自信闪亮登场 75
  （一）班会目的 75
  （二）班会准备 76
  （三）活动纪实 76
   1. 自信心理测试 77
   2. 小品表演：《谁是自信者》 78
   3. 歌舞：《我们的生活充满阳光》 80

4. 学生才艺表演 　　　　　　　　　　　　80
5. 小品表演：《考试前后》　　　　　　　81
6. 配乐朗诵：《假如我没有信心》　　　　82
7. 填写优点清单 　　　　　　　　　　　84
8. 游戏："优点轰炸" 　　　　　　　　　85
9. 学生齐诵歌谣：《我能行》　　　　　　86
10. 比赛：速记电话号码 　　　　　　　　86
11. 学生代表谈自己对信心的认识 　　　　87
12. 大合唱：《真心英雄》　　　　　　　　89

（四）班会小结 　　　　　　　　　　　　89

第六章　视听式主题班会　　　　　　90

一、牵手环保　　　　　　　　　　　90

（一）班会背景 　　　　　　　　　　　　90
（二）班会目的 　　　　　　　　　　　　91
（三）班会准备 　　　　　　　　　　　　91
（四）活动纪实 　　　　　　　　　　　　91

1. 播放录像：《那已经失去的和正在失去的》　92
2. 学生演讲：《哭泣的森林》　　　　　　94
3. 诗歌朗诵：《春天里，我们去植树》　　97
4. 观看水资源污染图片 　　　　　　　　99
5. 学生谈论家庭对环境的污染情况 　　　102
6. 学生代表宣读班级环保宣言 　　　　　104
7. 歌曲：《记忆中的天空》　　　　　　　105
8. 快板：《校园变成大花园》　　　　　　106
9. 环保三句半表演 　　　　　　　　　　108
10. 班长发言 　　　　　　　　　　　　　109

11. 学生介绍德国人的环保习惯　　　　　　　　110
12. 合唱：《我们共同拥有一个地球》　　　　　111
13. 学生宣誓"牵手环保，我们义不容辞"　　　　112
   （五）班会小结　　　　　　　　　　　　　　112

二、责任，与我们同行　　　　　　　　　　　113
   （一）班会背景　　　　　　　　　　　　　　113
   （二）班会目的　　　　　　　　　　　　　　113
   （三）班会准备　　　　　　　　　　　　　　113
   （四）活动纪实　　　　　　　　　　　　　　114
1. 对自己负责　　　　　　　　　　　　　　　115
2. 播放电视小品：《热闹的自习课》　　　　　115
3. 学生讨论不负责的行为　　　　　　　　　　116
4. 对他人负责　　　　　　　　　　　　　　　117
5. 男女声对唱：《为了谁》　　　　　　　　　117
6. 舞蹈表演：《爱的奉献》　　　　　　　　　118
7. 合唱：《让世界充满爱》　　　　　　　　　119
8. 对自然负责　　　　　　　　　　　　　　　119
9. 童话剧：《小白杨的遭遇》　　　　　　　　120
10. 对团队负责　　　　　　　　　　　　　　122
11. 学生表演小品：《审判》　　　　　　　　　122
12. 学生评选"对集体最负责的人"　　　　　　124
13. 对社会、对国家负责　　　　　　　　　　124
14. 男声独唱：《五星红旗》　　　　　　　　124
15. 全班齐唱：《祖国啊，我亲爱的祖国》　　125
   （五）班会小结　　　　　　　　　　　　　　125

第七章　竞赛式主题班会　126

一、实话实说——朋友　126

（一）班会背景　126
（二）班会目的　127
（三）班会准备　127
（四）活动纪实　127

1. 女声小合唱：《永远的朋友》　128
2. 我身边的好朋友　128
3. 我喜欢什么性格的朋友　129
4. 电视小品：《考试》　129
5. 你认为交什么样的朋友对我们的成长最有益　129
6. 你认为自己的择友原则是什么　130
7. 小品表演：《朋友》　130
8. 男声独唱：《同桌的你》　132
9. 如何把握异性之间友谊的界限与分寸　132
10. 交友能力自我测试及鉴定　133
11. 学生互动：关于友谊的文艺作品　134
12. 如何才能让朋友间的友谊地久天长　135
13. 歌舞表演：《祝福朋友》　136

（五）班会小结　136

二、祖国啊，我的母亲　136

（一）班会背景　136
（二）班会目的　137
（三）班会准备　137
（四）活动纪实　137

1. 母亲啊，忘不了您的痛　137

2. 播放 Flash 动画片 　　　　　　　　　　　　138

3. 学生大合唱：中华人民共和国国歌 　　　　140

4. 祖国啊母亲，我要回来 　　　　　　　　　140

5. 女声小合唱：《七子之歌》 　　　　　　　　140

6. 男声独唱：《我的中国心》 　　　　　　　　140

7. 母亲啊，您的儿女长大了 　　　　　　　　140

8. 学生表演歌舞：《爱我中华》 　　　　　　　141

9. 祖国风光图片展览 　　　　　　　　　　　141

10. 歌舞表演：《阿里山的姑娘》 　　　　　　142

11. 《从烟标看祖国建设成就》 　　　　　　　142

12. 母亲啊，请听听孩子们献给您的歌 　　　　143

13. 学生进行"颂祖国"歌曲大联唱 　　　　　144

14. 学生配乐诗歌朗诵：《我爱我的祖国》 　　144

　（五）班会小结 　　　　　　　　　　　　　　147

第八章　演讲式主题班会　　　148

一、秉承五四，与祖国同行　　　149

　（一）班会背景 　　　　　　　　　　　　　　149

　（二）班会目的 　　　　　　　　　　　　　　150

　（三）班会准备 　　　　　　　　　　　　　　150

　（四）活动纪实 　　　　　　　　　　　　　　150

1. 大型歌舞：《爱我中华》 　　　　　　　　　150

2. 缅怀五四，重温历史 　　　　　　　　　　151

3. 学生演讲：《如果不抗日》 　　　　　　　　154

4. 男生舞蹈：《大刀进行曲》 　　　　　　　　156

5. 听国歌，谈感想 　　　　　　　　　　　　156

6. 音乐小品：《历史人物的经典名言》 　　　　158

7. 男声独唱：《我的中国心》 159

8. 学生谈听歌感受：《愿我们都有一颗中国心》 159

9. 配乐散文朗诵：《祖国在我心中》 162

10. 观看新闻纪录片：《中国航天大事记》 163

（五）班会小结 165

二、超越自我，创造未来 165

（一）班会背景 165

（二）班会目的 166

（三）班会准备 166

（四）活动纪实 166

1. 故事里的人生：《最难战胜的是自己》 167

2. 学生演讲：《把握自己》 168

3. 学生演讲：《我们需要的仅仅是一点点勇气》 170

4. 测试你的忍耐力 172

5. 如何克服人际交往中的害羞心理 176

6. 学生聊怎样克服抱怨心理 178

7. 专家谈如何防止烦闷心理 179

8. 专家介绍消除忧虑的万灵公式 181

9. 成功故事：《把握住人生的低谷》 184

10. 成功故事：《关掉身后的门》 186

11. 合唱：《明天会更好》 187

（五）班会小结 187

第九章　材料式主题班会 188

一、了解西部，立志为国 189

（一）班会背景 189

（二）班会目的 189

（三）班会准备　　　　　　　　　　　　189

（四）活动纪实　　　　　　　　　　　　190

1. 了解西部，爱我西部　　　　　　　　190

2. 建设西部，展望西部　　　　　　　　192

3. 西部之路　　　　　　　　　　　　　193

4. 西部之气　　　　　　　　　　　　　194

5. 努力学习，立志为国　　　　　　　　194

（五）班会小结　　　　　　　　　　　　195

二、感悟亲情，回报父母　　　　　　　195

（一）班会背景　　　　　　　　　　　　195

（二）班会目的　　　　　　　　　　　　196

（三）班会准备　　　　　　　　　　　　196

（四）活动纪实　　　　　　　　　　　　196

1. 男声小合唱：《念亲恩》　　　　　　197

2. 观看 Flash 动画片：《伟大的父亲》　　197

3. 学生观看 Flash 动画片：《好好的，儿子》　　198

4. 学生演讲：《我的妈妈》　　　　　　199

5. 女声独唱：《烛光里的妈妈》　　　　200

6. 说说我们的爸爸、妈妈　　　　　　　200

7. 学生表演小品：《第一次回家》　　　201

8. 小测验：你了解爸爸、妈妈吗　　　　204

9. 学生发言：如何孝敬父母　　　　　　207

10. 女声独唱：《常回家看看》　　　　　207

11. 男声独唱：《懂你》　　　　　　　　208

12. 大合唱：《祖国妈妈，我爱您》　　　208

（五）班会小结　　　　　　　　　　　　208

第十章　问答式主题班会　　209

- 一、班会背景（心动奥运）　　209
- 二、班会目的　　210
- 三、班会准备　　210
- 四、活动纪实　　210
  - （一）大合唱：《奥林匹克风》　　211
  - （二）奥运知识有奖问答　　211
  - （三）女声独唱：《只为一个爱》　　213
  - （四）三句半表演：《申奥成功》　　216
  - （五）诗歌朗诵：《奥运雄风》　　218
  - （六）回放北京申奥纪录片　　218
  - （七）合唱奥运主题歌曲：《我们是朋友》　　219
- 五、班会小结　　219

参考文献　　220

第一章　主题班会具有哪些属性

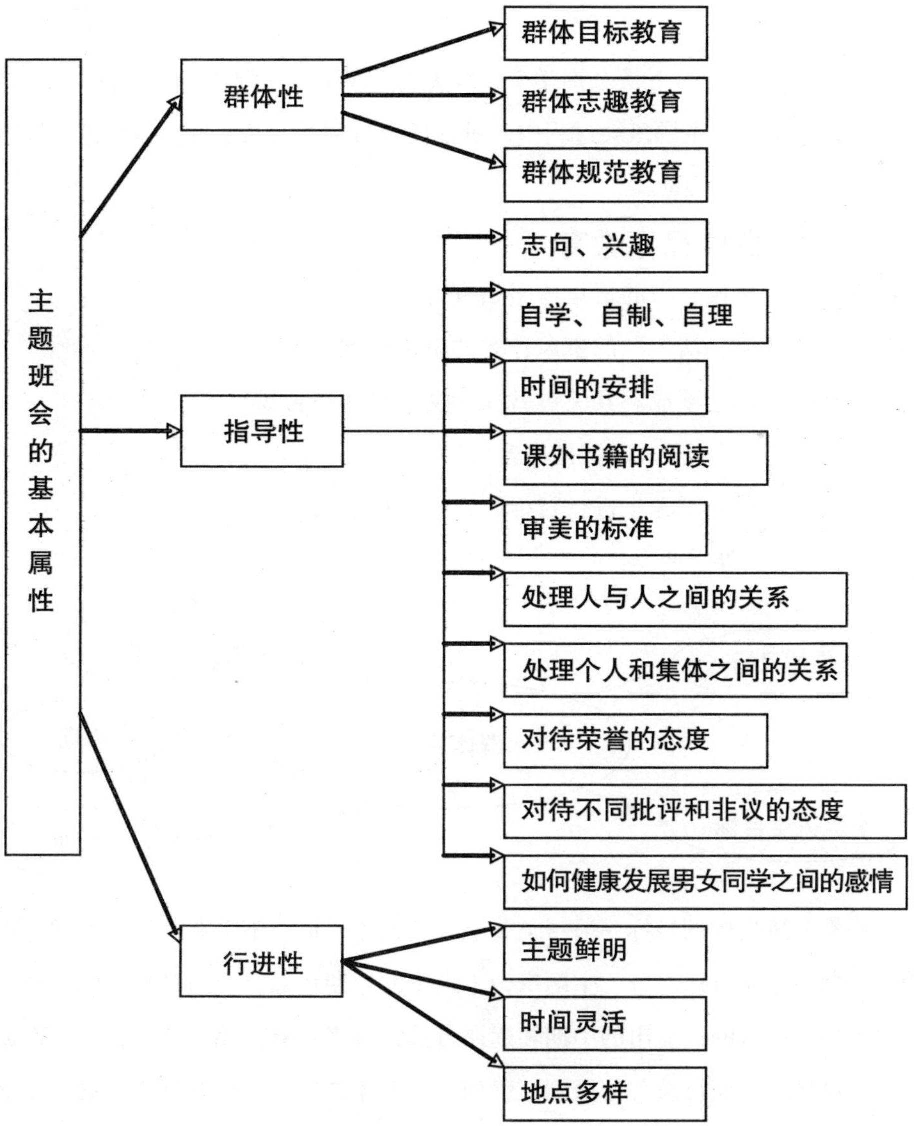

```
                        ┌─→ 群体目标教育
            ┌─→ 群体性 ─┼─→ 群体志趣教育
            │           └─→ 群体规范教育
            │
            │           ┌─→ 志向、兴趣
            │           ├─→ 自学、自制、自理
            │           ├─→ 时间的安排
            │           ├─→ 课外书籍的阅读
主题班会 ───┼─→ 指导性 ─┼─→ 审美的标准
的基本属性  │           ├─→ 处理人与人之间的关系
            │           ├─→ 处理个人和集体之间的关系
            │           ├─→ 对待荣誉的态度
            │           ├─→ 对待不同批评和非议的态度
            │           └─→ 如何健康发展男女同学之间的感情
            │
            │           ┌─→ 主题鲜明
            └─→ 行进性 ─┼─→ 时间灵活
                        └─→ 地点多样
```

1

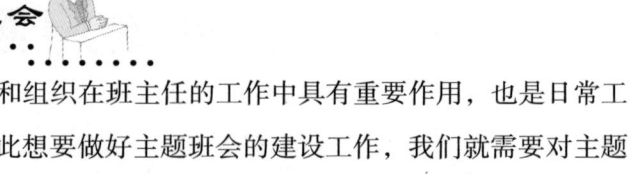

学校主题班会的建设和组织在班主任的工作中具有重要作用，也是日常工作中不容忽视的内容。因此想要做好主题班会的建设工作，我们就需要对主题班会所具有的基本属性做一个全面的了解，只有弄清事物的本质才能更好地发挥它的作用，才能为日后顺利而出色地完成主题班会建设工作打下良好的基础。

一、群体性

主题班会面对的不是个别学生，而是整个班级，因此它具有鲜明的群体性。在设计与实施主题班会过程中，班主任应自觉学习与掌握群体理论，以逐步提高主题班会的质量。

（一）群体目标教育

在同一所学校，有的班集体坚强有力，形成了"团结、紧张、严肃、活泼"的班风；有的班集体像一盘散沙，什么事情也干不成。其关键就在于这个群体是否具有统一的意志，是否具有较强的凝聚力。

通过主题班会对学生进行目标教育，其中的目标按内容来划分，不外乎两类：

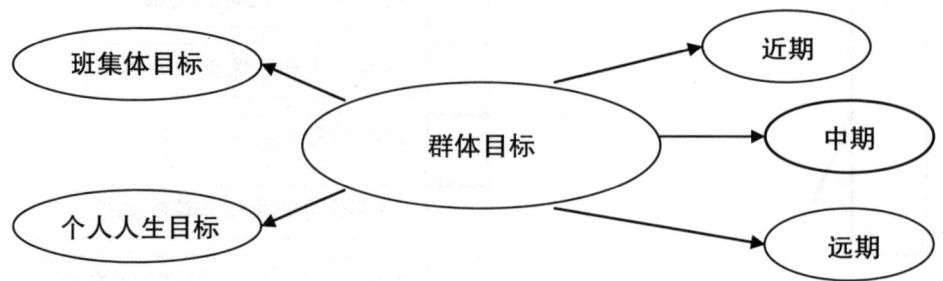

一类属班集体的目标，另一类属个人的人生目标。不管哪一类，又都有近期、中期与远期目标之分。主题班会中提出的近期目标，应当是具体的、合乎班情和切实可行的；提出的中期和远期目标，应当具有鼓动性和号召力，遵循"高而可攀，望而可及"的原则。譬如，经集体讨论、班干部分析，班级完全

第一章 主题班会具有哪些属性

有可能争取在学年结束前成为"校文明班"。为此,可以举行"一切为了班级荣誉——'校文明班'在向我们招手"主题班会。会后,要对这一目标进行分解,制定出每个阶段应该达到的具体目标,并帮助每个学生制定出切合自身实际的个人小目标。这些小目标虽然常常只是克服某个小缺点,或者争取一点儿微小的进步,但却是达到中期和远期目标不可或缺的前提。

对于正处在价值观、世界观逐步形成时期的学生来说,对他们进行集体主义、爱国主义、共产主义理想教育,指导他们树立崇高的理想,是班主任工作的根本任务。主题班会首先应当在这些根本性的教育中发挥作用。

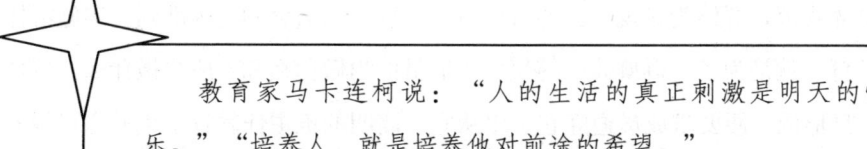

教育家马卡连柯说:"人的生活的真正刺激是明天的快乐。""培养人,就是培养他对前途的希望。"

当然,人生目标教育同样应该具有层次性。对初中生来说,更多的应是意志、兴趣的教育,为此,可以举行以"时间就是生命""在成功的辞典上没有'懒''散'二字""要有点儿公共意识"等为主题的班会;对高中生来说,更多的应是思想、观点的教育,可以举行以"奉献——人生的价值""书——人类进步的阶梯""祖国利益高于一切"等为主题的班会。这样的教育更具有针对性和现实性。

(二)群体志趣教育

在班级群体中,共同的志趣可以保证成员们热爱这个集体,让他们从心理上获得满足,从而激发学生学习、锻炼的热情,增强其信心和力量;有利于学生相互间的感情的沟通,产生更多的共同语言;可以保证成员们在某一目标的实施中实现步调一致,协作互助。在志趣教育方面,主题班会是大有作为的。

绝大多数学生精力充沛,兴趣广泛。他们有的爱踢足球,只要一谈起足球场上的明星,便眉飞色舞;有的爱唱歌;有的爱好文学;有的喜欢数理……在这个时期,是学生自我意识、独立品质和人格形成与确立的时期,学生的主意

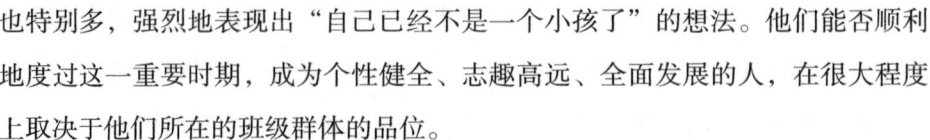

也特别多,强烈地表现出"自己已经不是一个小孩了"的想法。他们能否顺利地度过这一重要时期,成为个性健全、志趣高远、全面发展的人,在很大程度上取决于他们所在的班级群体的品位。

从这个意义上说,加强群体志趣教育具有不容忽视的重要性。这个任务自然有相当一部分落在主题班会上。

> 马克思指出:"只有在集体中,个人才能获得全面发展其才能的手段。""一个人的发展取决于和他直接或间接进行交往的其他一切人的发展。"

(三)群体规范教育

群体规范是群体为实现自己的目标所必须统一的信念和行为准则。实施群体规范教育,就是为了告诉群体中的每一个成员应当做什么和不应当做什么。群体规范一旦形成,便要求成员遵守它、服从它。高明的班主任教育学生遵守班级和学校的规范,主要不是依靠强制性手段,而是通过影响学生的心理来实现的。

有的班主任不习惯借助"主题班会"通过并实施班级规范,而是在晨会上宣布若干规定,结果往往由于孤掌难鸣,效果不佳。其实,群体规范有其客观的形成过程,如由某人提议,大家附和,从而确立。总之,其形成的过程很复杂。班主任应根据群体规范形成的特点,选择最佳时机组织主题班会。

二、指导性

主题班会不同于一般的家庭谈话,也不同于一般的小组讨论。它的意义完全在于指导学生的思想、学习、工作和生活等各个方面,以促使学生健康、全面地发展。高明的班主任不是自己一个人挑起建筑班级大厦的重担,而是善于通过各种途径,发动学生一起来增砖添瓦,其中一个很重要的途径便是开主题班会。主题班会就是为指导学生去完成这项工程而生的。因此,指导性是主题班会的第二个基本属性。

主题班会指导的内容是十分广泛的,大到怎样处理国家、集体、个人之间的关

第一章　主题班会具有哪些属性

系以及怎样做人，小至星期天怎样安排、怎样选择课外阅读书籍等。根据目前我国中学生的实际情况，至少有以下十个方面值得作为"主题班会"的指导内容：

A. 如何确定志愿，发展兴趣；

B. 如何自学、自治、自理；

C. 如何合理安排时间；

D. 如何选择课外阅读的书籍；

E. 如何审美；

F. 如何正确处理人与人之间的关系；

G. 如何正确处理个人与集体之间的关系；

H. 如何对待荣誉；

I. 如何对待来自不同方面的批评与非议；

J. 如何健康发展男女同学之间的感情。

主题班会指导性的核心是激发学生的政治热情与学习热情，挖掘他们身上特有的才能。

三、行进性

行进性，也是主题班会的一个属性。

学科教学的内容与时间是由教学计划规定的，主题班会则不然，其连接教师和学生的并不是固定的教材，而是鲜明的主题，而且主题班会活动的时间是由班主任和学生共同决定的，应当努力把握以下三点：一是主题的筛选；二是时间的灵活；三是地点的多样。

> **主题班会**　主题班会不是一个静态的点，而是一条动态的轨道。也就是说，主题班会是一种特殊的过程，它不是一次简单的会议。

第二章 主题班会有哪些主要阶段

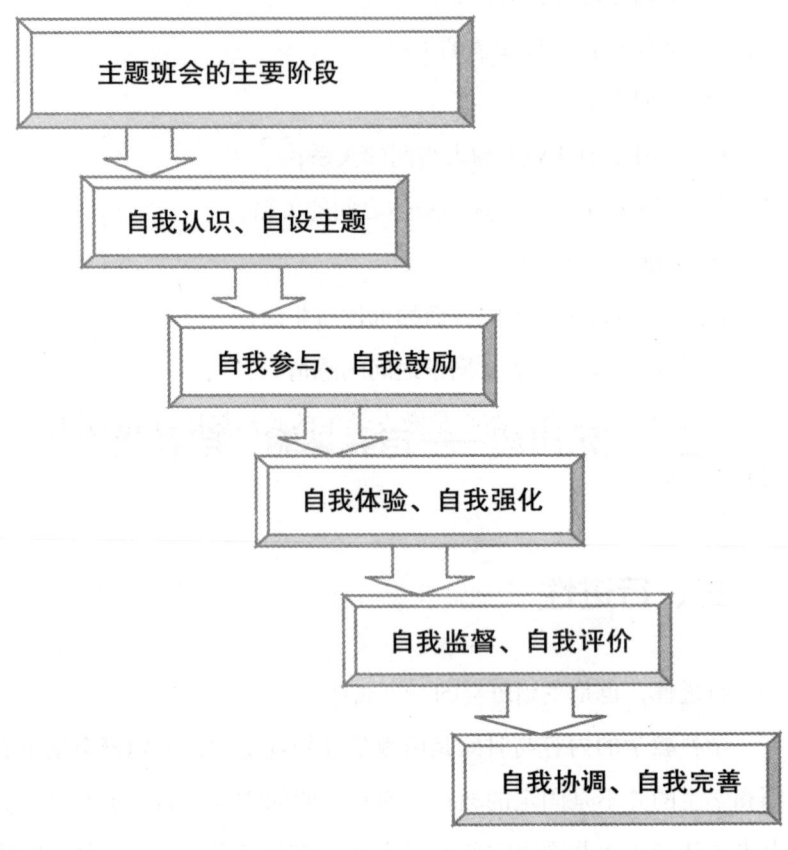

一、前期准备阶段——自我认识、自设主题

班主任要根据学生普遍关注的问题，从学生的实际出发，和全班同学一起确立主题，设定目标，制订计划，让全班同学理解每一次班会活动的目的、意义，在思想上进行初步的思考，产生参与其中的积极性。

二、筹划阶段——自我参与、自我鼓励

班主任根据确立的主题、设定的目标、制订的计划,发动全班同学动脑、动口、动手,全身心地投入到教育过程中。从内容确定、形式选择到具体活动实施,完全由学生组织安排。尊重学生的意见,使学生增强责任感。在选择形式时,要结合学生的年龄特征、兴趣爱好、知识体系、情感体验、心理特征,切入学生的心理,激发学生参与的积极性,让学生在不断自我激励的过程中,主动地、创造性地进入最优境界。

三、展示阶段——自我体验、自我强化

经过充分准备、周密策划,班主任将教育内容有机地糅合在一起,进行展示。展示时,在进行思想道德渲染教育的同时,做到多侧面渗透、兼容并蓄,使学生在活动展示中,产生积极的情绪体验,不断强化自己的正确行为,保证预期目标得以顺利实现。

展示阶段在围绕主题进行正面教育时,可采用现身说法、做报告、讲故事、即兴演讲、采访等形式,也可采用表演小品、相声、歌舞等文艺节目的形式,还可用辩论形式等。

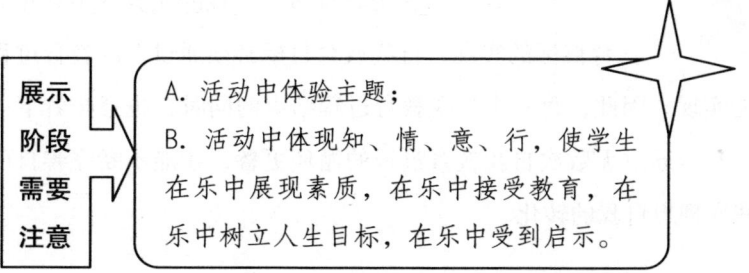

展示阶段需要注意
A. 活动中体验主题;
B. 活动中体现知、情、意、行,使学生在乐中展现素质,在乐中接受教育,在乐中树立人生目标,在乐中受到启示。

四、反馈阶段——自我监督、自我评价

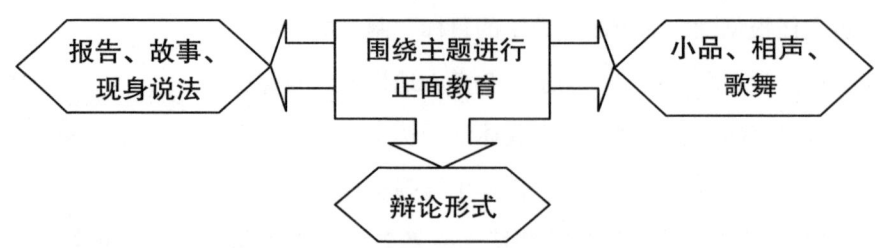

主题活动结束后,让学生通过对本次活动的参与,依据亲身实践感受,总结优、缺点,得出经验教训,监督自己的言行;让学生通过自己与别人的评价比较,通过自我反省、自我认识来调整自己的行为、动机,力求使自己的思想或行为符合所设定的目标、计划。

五、发展阶段——自我协调、自我完善

自主发展、内在发展、可持续发展,这是学生理解并实现自身主体地位的最终结果。学生在自我教育过程中,要根据反馈信息适时调整自己的目标和计划,使之更适合自身的实际情况和客观规律的要求,从而实现自我教育的预定目标。

但是,一次主题教育活动过程的完成并不意味着自我教育目标的实现,自我教育目标必须通过多次教育过程的循环更替才能实现。因此,每一个自我教育过程结束的同时,也意味着下一个过程的开始,只有通过无数次自我教育过程的循环更替,才能不断完善自己,促进现实自我向理想自我的转化。

第二章 主题班会有哪些主要阶段

具体操作时应注意

- 更新观念，积极引导。班主任要把班会活动权交给学生，充分发挥学生的自觉性、能动性、积极性。班主任只做必要的引导，不要全包全揽或按自己的主观愿望组织活动。

- 切忌走过场，应付了事。要纠正主题班会活动就是编排节目、表演节目的错误方向，要以解决实际问题、完成学生的言行导向任务为根本。

- 强化角色意识，让学生学会多角色实践。教师要充分创造条件，提供机会，让学生不断加深对自身角色的认识。努力让学生具有某些角色只能由某些学生承担的观念，让其获得多方面的发展。

- 变换形式，激发兴趣。杜绝生硬说教式、口号式的班会，形式要新颖，要为学生喜闻乐见。可采用说理式、交流式、文艺式、竞赛式、纪念式等方式。

- 忌一劳永逸，做好跟踪调查和教育，不断总结经验教训，使教育具有长久性。

第三章　模拟式主题班会

模拟式主题班会就是根据班集体在一定时期的教育要求，通过设计某种具体的生活情境，扮演一组生活中的角色，让学生身临其境地感受到生活的丰富多彩并从中受到感染和启迪。

学生由于尚未成年，缺乏生活经历，对"社会究竟是由什么构成的""法庭审判的程序是怎样的""农贸市场的商品买卖是如何进行的""哪些行为是属于违反社会主义道德规范的"等问题一知半解，有的学生甚至一无所知，只知埋头于书本。这样的学生即使成绩优秀，但由于缺乏道德判断力，更缺乏生活能力，也终不免成为"两脚书橱"。

模拟式主题班会的功能之一，就是让学生在一个具体的生活情境中扮演、充当一个角色，让他们经历某种事件，见识某种场面，从而丰富阅历和经验，增长知识和才干。

模拟式主题班会的题材当然不局限于上述几种，对于生活中的许多方面，都可以通过设置情境，给学生以生动具体的形象教育。比如：模拟一辆公交车的车厢，在上班高峰时，车厢内发生了种种情况，以此让学生辨别生活中的美与丑；模拟一个家庭的居室，正在做功课的女儿一边吃着瓜子，一边听着录音，以此让学生懂得做任何事情都必须专心致志，方有成效。

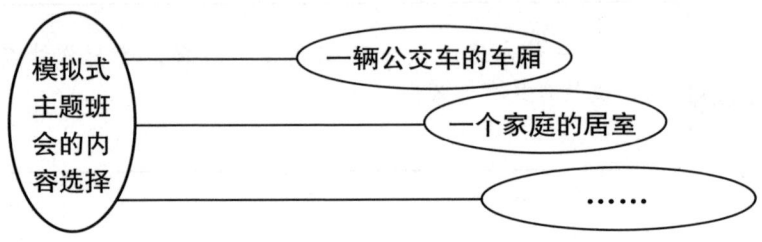

实践证明，由于知识性和趣味性渗透在思想教育内容之中，模拟式主题

第三章 模拟式主题班会

班会更能达到"润物细无声"的教育效果。它既注意到了青少年学生的心理状况,唤起他们对某一角色的体验兴趣,又避免了一般性主题班会常有的冗长说教。其形式丰富多样,为学生所欢迎。当然,在运用这一形式时须注意:

- 模拟情境所包含的思想教育内容要具有针对性
- 对于模拟情境所需的"道具""台词"要精心设计
- 扮演角色的学生要严肃认真,表现出角色应有的身份、年龄、个性等特点,方能收到良好效果。

一、班会背景(模拟法庭)

今天社会的经济、科技高速发展:高新技术与高新技术产业不断涌现,传统产业不断优化,经济不断全球化,产业结构由劳动密集型向资本、技术、人才密集型过渡,经济结构和社会结构也因此发生了变化,上层建筑中一些政策、法律、教育也由此转轨。为了跟上时代的步伐,适应科技进步、经济发展的需要,人们必须转变教育观念,对青少年实施素质教育,以满足多元、丰富的社会对具有较强判断能力和自主发展能力的人的需求。这就要求教师善于发现学生发展过程中出现的问题,培养他们多方面的能力。

二、班会目的、准备

针对学生法律常识欠缺和法律意识薄弱的现状,教师利用班会,使学生提高法律意识、知法懂法、遵纪守法,提高综合素质。

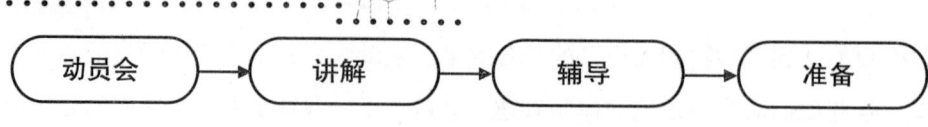

动员会 → 讲解 → 辅导 → 准备

班会准备

1. 动员会

首先告知学生活动的性质和目的,并介绍简单的法律常识。然后由学生们自愿报名参加。学生们非常踊跃。为了鼓励学生们的积极性,班主任把出席法庭人员的数量增加,设置了两个被告、四个被告委托代理人,并根据中学生由于缺乏法律知识而出现的问题编写了一个犯罪案由。

2. 讲解

班主任先给学生们讲述事先编写好的偷车及买赃案例,使他们对活动产生兴趣。然后逐一讲解法庭中的每一个角色,让学生们自由选择。在根据学生的意愿分派角色后,就进入辅导阶段。

3. 辅导

班主任要把相关的司法常识给学生做详细的解释,并讲解法官及律师等角色的职责,即把法庭规则、审判人员的职责、原被告的权利义务及其委托代理人的职责等分别给学生做辅导。为此,班主任要利用平时的课余时间给全班学生讲解法律知识,使学生能够理解和掌握法律知识。

4. 准备

法庭中出现角色:审判长、审判员(2人)、原告、被告(2人)、原告委托代理人(2人)、被告委托代理人(4人)、服务人员。

三、班会过程

(一)程序

(1)书记员宣布法庭纪律和旁听规则,请审判长、审判员入庭,宣布开庭。

(2)审判长核查当事人的基本情况,宣告合议庭组成,告知当事人权利义务;开始法庭调查。

(3)法庭调查结束,开始法庭辩论。

第三章 模拟式主题班会

（4）合议庭合议。

（5）继续开庭，宣布法庭判决。

（6）请当事人在庭审笔录和判决笔录上签字；宣布闭庭。

（二）活动纪实

书记员：宣布法庭纪律。

（1）法庭内要注意保持肃静，不准喧哗、吵闹、鼓掌，不得有其他妨碍审判活动的行为；

（2）开庭过程中不得随意走动，不得进入审判区；

（3）未经法庭许可，不准录音、录像和摄影；

（4）不准吸烟和随地吐痰；

（5）未经法庭允许，不准发言、提问。如旁听人员对法庭的审判活动有异议，可以在休庭以后用书面形式向人民法庭提出。

对违反法庭纪律的人，审判长、值庭人员应当劝告制止；不听劝告制止者，经审判长决定，可以没收胶卷、录音设备或者令其退出法庭，甚至依法追究刑事责任。

旁听规则

一、旁听人员必须遵守下列纪律：
　a．不得录音、录像和摄影；
　b．不得随意走动和进入审判区；
　c．不得发言、提问；
　d．不得鼓掌、喧哗、哄闹和实施其他妨碍审判活动的行为。

二、新闻记者旁听应遵守本规则。未经审判长或者独任审判员许可，不得在庭审过程中录音、录像和摄影。

三、对于违反法庭规则的人，审判长或者独任审判员可以口头警告、训诫，也可以没收录音设备、录像和摄影器材，责令退出法庭或者经院长批准予以罚款、拘留。

四、对哄闹、冲击法庭，侮辱、诽谤、威胁、殴打审判人员等严重扰乱法庭秩序的人，依法追究刑事责任。情节较轻的，予以罚款、拘留。

五、对违反法庭规则的人采取强制措施，由司法警察执行。

六、外国人或者外国记者旁听，应当遵守本规则。

书记员：全体起立！请审判长、审判员入庭。请坐下！报告审判长，原告A诉被告B、C一案，当事人已全部到庭，可以开庭。

审判长：首先核对当事人基本情况。

原告姓名（A），性别（男），年龄（18周岁），籍贯（××），民族（汉族），职业（北京××公司职员），家庭住址（北京市东城区××街2号）。

第一被告姓名（B），性别（男），年龄（18周岁），籍贯（××），民族（汉族），职业（无），家庭住址（北京市东城区××街1号）。

第二被告姓名（C），性别（男），年龄（18周岁），籍贯（××），民族（汉族），职业（无），家庭住址（北京市东城区××街3号）。

原告方、被告方对对方出庭人员有无异议？（无异议）

双方当事人均无异议，现在开庭。

北京市东城区人民法院××庭今天依法公开审理原告A诉被告B、C赔偿一案，由本院审判员甲担任审判长，与审判员乙、丙组成合议庭，由本院书记员丁担任法庭记录。

根据《中华人民共和国民事诉讼法》有关规定，当事人在诉讼中享有以下诉讼权利和诉讼义务：

（1）各方当事人有就本案事实进行陈述和答辩及提供证据、请求调解的权利。

（2）原告有权放弃、变更或增加诉讼请求，被告有权提起反诉，反诉应于法庭辩论终结前提出，并交纳相应的案件受理费。

（3）当事人有申请审判人员及有关人员回避的权利。如本案审判人员、鉴定人、勘验人、翻译人员、书记员与本案当事人有亲属或利害关系，可能影响到本案公正审判，当事人有权申请换人审理。

（4）询问当事人是否提出回避申请。被申请回避的人员在做出是否回避的决定前，应当暂停本案的工作，但案件需要采取紧急措施的除外。申请人对是否回避的决定不服的，可以在接到决定时申请复议一次。复议期间，被申请回避的人员不停止参加本案的工作。对复议申请，应当在三日内做复议决定，并通知复议申请人。

第三章　模拟式主题班会

（5）当事人除享有以上诉讼权利，还应承担以下诉讼义务：

　　a. 如实陈述案件事实，提供证据。

　　b. 遵守法庭规则。

　　c. 庭审过程中，原告未经法庭许可，中途退庭的，按撤诉处理。

原告A，请你宣读起诉状。

【原告】

起诉状（模拟法庭）

原告A，男，18周岁，××人，汉族，北京××公司职员，家住北京市东城区××街2号。

委托代理人1，北京××律师事务所律师。

委托代理人2，北京××律师事务所律师。

被告B，男，18周岁，××人，汉族，无业，家住北京市东城区××街1号。

委托代理人3，北京××律师事务所律师。

委托代理人4，北京××律师事务所律师。

被告C，男，18周岁，××人，汉族，无业，家住北京市东城区××街3号。

委托代理人5，北京××律师事务所律师。

委托代理人6，北京××律师事务所律师。

案由：赔偿损失。

诉讼请求：

（1）要求被告赔偿损失800元；

（2）要求被告承担诉讼费50元。

事实与理由：

我于2008年3月3日下午在北京市百货大楼购买捷安特牌自行车一辆。购买后即到交管局非机动车登记站领取了牌照，号码为"京·东城0102034"。2008年3月4日上午8点30分，我去东单商场购买物品，将自行车放在该商场门口。大约十分钟后，我从商店内出来，发现自行车不见了。我随后向东华门派出所报了案，后派出所通知我自行车被B盗取，并将该车卖给了C，现车辆完全损毁。

公安机关已对两被告进行了处罚。我认为,自行车系我个人的合法财产,两被告将我的财产损坏,理应按原价给予赔偿。因此,特向法院起诉,要求两被告赔偿我的经济损失。

起诉人:A
2008年12月16日

审判长:被告B,请你宣读答辩状。

【第一被告】

民事答辩状(模拟法庭)

B,男,18周岁,××人,汉族,无业。

听了原告人A对我的起诉,现答辩如下:

我在2008年3月4日上午8点30分左右,路过东单商场门前,看见门口有一辆自行车挺不错的,我就想骑骑。于是,我就将自行车搬走了。后到一个修车摊上,让人家帮助把锁打开,我就骑走了。骑了大约有五天,我的朋友C看到我骑的车不错,就让我把这辆车卖给他。我说车是"顺"来的,他说没关系。于是,我就将车卖给了C,他给了我500元。现在原告要求我按原价赔偿800元,我不同意,因为他是在我搬车的前一天买的,应扣除折旧费。另外,我认为他的自行车有质量问题。因此,我同意赔偿他200元损失。

答辩人:B
2008年12月16日

审判长:被告B的委托代理人对被告的答辩状有无补充?

第一被告的委托代理人3:有,我的委托人在挪用该车时,只是出于喜欢,并无恶意,并且该车是被本庭的第二被告C损坏的,所以我方只同意赔偿200元。

审判长:被告C,请你宣读答辩状。

【第二被告】

民事答辩状(模拟法庭)

C,男,18周岁,××人,汉族,无业。

听了原告人A对我的起诉,我做出如下答辩:

第三章　模拟式主题班会

我在2008年3月10日那天,见到我朋友B骑的一辆自行车挺不错的,我就想要。我对B说:"把自行车便宜点儿卖给我吧。"他说车是"顺"来的,我说没关系。于是他向我要了500元,我就把车骑走了。大约10天后,我发生一起交通事故,交通事故的责任在我,那辆自行车也被损坏了。现在原告A要求我赔偿他800元,我认为我不应当赔偿,理由是我已经付给B 500元,因此不同意原告的要求。

答辩人:C
2008年12月16日

审判长:被告C的委托代理人有无补充?

第二被告的委托代理人5:我基本同意,还有一点补充,就是我的委托人已向被告B支付了购该车的车款。

审判长:原告A,请你向法庭出示相应的证据材料。

原告A:我有购车零售发票和行车执照。

审判长:请你向法庭出示。(出示发票)

商业零售发票

物品:自行车

颜色:银灰色

车种:山地车(变速)

号码:京·东城0102034

购车地点:北京市百货大楼

购车时间:2008年3月3日

交款人:A(共计800元)

执照所有人:A(北京市公安局公安交通管理局非机动车登记站登记)

盖章:

审判员甲:原告A,你的车丢失的那天是停放在哪里?车牌号是多少?

原告A：我将车停在东单商场门口，车牌号是"京·东城0102034"。

审判员乙：原告A，你能否确认被告C损坏的那辆车是你的？

原告：能，的确是我的车。

审判长：原告的委托代理人有无新的证据？

原告委托代理人1：没有。

审判长：被告B及委托代理人对原告提出的证据材料有无异议？

第一被告B：没有异议。

审判长：被告C及委托代理人对原告向本法庭出示的购车发票及照片有无异议？

第二被告C：没有。

审判长：对原告向本法庭提供的购车发票和照片，双方当事人均无异议，本法庭予以确认。

审判员甲：现在宣读本法庭所掌握的证据材料：北京市东城区公安分局对被告B、C的讯问笔录（略）。

审判员乙：现宣读北京市东城区公安分局对被告B和C的拘留决定书和处罚决定书（略）。

审判长：原告、被告双方对本法庭宣读及出示的证据材料有无异议？（没有。）

审判长：双方当事人对本法庭出示的证据材料均无异议，本法庭予以确认。

审判员甲：法庭现在需要向原告提问。原告A，你当时从东单商场出来，发现车不在了，你采取过什么措施？

原告A：我转了一圈并询问过路人，他们都说没看见，然后我马上报警了。

审判员乙：被告B，你当时将自行车卖给C是在什么地方交易的？

第一被告B：在我家的一个房间里。

审判员甲：被告C，你付给被告B 500元购车款是在什么地点？

第三章　模拟式主题班会

第二被告C：在他家屋里，然后我就把车推走了。

审判长：法庭调查结束，现在开始法庭辩论。

本法庭辩论的争议焦点应该是被告B同意赔偿的金额和被告C不同意赔偿的问题。双方当事人在辩论当中应当注意遵守法庭辩论的规则。

原告A，请你做辩论陈述。

原告A：我刚买的一辆车就被被告B偷走了。偷窃是一种非常可耻的行为，从古至今，人们都非常痛恨这种行径以及偷窃的人，所以我向法院申请保护我的合法权益，并对被告B的偷窃行为予以制裁，使他承担相应的法律责任。也就是说，被告B、C共同按原价赔偿给我800元。同时这也能达到教育被告B、C及教育他人的目的。

审判员乙：原告的委托代理人有无补充？

原告的委托代理人1：审判长，审判员，我受北京××律师事务所的指派，接受原告A的委托，现发表代理词如下：

第一被告B在刚才的答辩状中提到不按原价赔偿，这种要求是不合理的。我的委托人的车是新的，并无磨损，尽管第二被告C提出有磨损，那也应该是第一被告B所为，并非我的委托人所为，所以理应按原价赔偿。而第二被告C在刚才的答辩状中说他不负任何责任是非常荒谬的。第二被告C明知车是赃物还买，已是违法行为。所以要求二人共同赔偿原告800元！

审判长：被告B，请做辩论陈述。

第一被告B：这辆自行车的确是"顺"的，但也确实不是我损坏的，车已完全报废是第二被告C造成的，因此大部分的赔偿责任应由他承担，我只同意赔偿200元。

审判员乙：被告B的委托代理人有无补充？

第一被告B的委托代理人4：审判长，审判员，我受北京××律师事务所的指派，接受被告B的委托，现发表代理词如下：

我的委托人得到该车后虽然使用了，但时间不长，并且我的委托人卖车的非法所得已经上缴，并按照《治安管理处罚条例》受到拘留15天、罚款200元的处罚。同时我的委托人自己也受到内心的谴责。何况车子是由第二被告C直接损坏，与我的委托人无关，所以申请法庭给我的委托人一个改过自新的机会，并由第二被告C承担损毁该车的责任。

审判长甲：被告C，请你做辩论陈述。

第二被告C：我认为原告A和第一被告B提出的都是无理的要求，第一被告B已经承认了车是他偷的，我花了500元买了这辆车，没过几天又遭遇车祸，车完全毁了，责任并不在我。我同时也有损失，我在整个事件中也是受害人，我不应当再承担赔偿责任。

审判员甲：被告C的委托代理人有无补充？

第二被告C的委托代理人5：审判长、审判员，我受北京××律师事务所的指派，接受被告C的委托，现发表代理词如下：

我的委托人不应当承担赔偿责任，因为他已为整个事件付出了500元的代价，并且偷车人是第一被告B。而该车毁坏于一场意外交通事故中，我的委托人没有任何主观目的去毁坏它。这也是在我的委托人意料之外的。因此负主要赔偿责任的是第一被告B。

审判长：双方当事人及委托代理人有无新的意见？（没有。）

法庭辩论结束。

原告A，你是否申请法庭为你们主持调解？

原告A：我申请。

审判长：请你阐述一下调解主张。

原告A：我坚持我的诉讼请求，要求两位被告共同按原价承担赔偿责任。

审判长：被告B，你是否申请法庭为你们主持调解？

第一被告B：我申请。

审判长：阐述一下你的调解主张。

第一被告B：我同意赔偿，但我仍坚持应由第二被告C负主要责任，我只同意赔偿200元。

审判长：被告C，你是否申请法庭为你们主持调解？

第三章 模拟式主题班会

第二被告C：我申请。

审判长：阐述一下你的调解主张。

第二被告C：我认为我不应承担赔偿责任。

审判长：鉴于目前当事人就赔偿问题争议很大，本庭不再进行调解。现在由原被告双方及相应的代理人做最后陈述。（没有了。）

审判长：现在合议庭进行合议，5分钟后继续开庭。

审判长：现在继续开庭。

首先宣读民事制裁决定书（略），全体起立！

请双方当事人在庭审笔录及宣判笔录上签字。

现在闭庭。

四、班会小结

在模拟法庭上，学生们出色的表演得到了各位领导和专家的肯定。活动开始前，对一部分学生调查的结果显示：有60%以上的学生学习和生活盲目，20%的学生认为学习是为了家长或被家长所逼，只有10%的学生有着正确的学习动机和方向。活动结束不久，再次对学生进行调查则发现：100%的学生都有职业追求；其中68%的学生有明确的职业追求。当然，学生的职业选择并不一定全部都能成为现实。然而，活动前后学生的变化是巨大的：很多学生面对学习变得有主动性了。

> "要在每个孩子身上发现他最强的一面，找到他作为个人发展根源的'机灵点'，使孩子在他能够最充分地显示和发挥天赋素质的事情上，达到其年龄可能达到的卓著成绩。"
>
> "教师的技巧在于善于观察儿童的天赋，善于确定足以使孩子施展他的智力和创造力的领域，并向他提出在完成中需要克服的某些困难，从而使孩子的才能进一步发展。"
>
> ——苏联著名教育家苏霍姆林斯基

第四章 交流式主题班会

　　交流的重要作用之一就是达到沟通的目的，更为突出的是在沟通的过程中充当了参谋的角色。交流式主题班会可以是学生日常学习生活中小事情的交流，也可以是特殊内容的交流。比如有些学生因成绩下降而困惑，因家务繁杂而苦恼，因不能妥善处理同学关系而焦虑，因与父母反目而伤心，因自己被人误解而痛苦，因找不到奋斗目标而彷徨……此类班会就是让他们把自己的问题以及对问题的感受讲出来，而充当倾听者或参谋对象的某个人（可以是班主任、团委书记、校长，也可以是学生代表等）在广泛的沟通中与学生讨论出问题的解决办法。

　　要引导学生敢于谈自己的苦闷。对学生而言，谈的过程就是整理自己的思路，消除不良情绪，恢复心理平衡的过程。这对学生的成长有着非常重要的现实意义。

> 五个适合用咨询式主题班会来指导学生的班会主题：
> A．如何较好地调节自己的心理状态以适应外界环境；
> B．在遇到困难或挫折时如何保持情绪的相对稳定；
> C．如何恰当地处理与同学、老师、家长之间的关系；
> D．如何独立解决自己在生活、学习、工作中的问题；
> E．如何缓解过度的压抑和焦虑。

　　以培养健康心理、促进全面发展为目标而设计的交流式主题班会，采用广泛交流、集体咨询和系统指导的方法，能收到"情绪意志健康化，思维方式现代化，人际关系和谐化"的效果。班主任针对学生的思想实际，经常设计一些交流式主题班会，能让学生畅所欲言；根据班会主题的不同，还能逐渐培养学生多方面的良好品质，这就是我们常说的"心理卫生"和"心理健康"。

第四章 交流式主题班会

一、架设心桥，消除代沟

产生代沟的原因主要有：

一是我们做教师、做父母的没有抽出足够的时间去倾听孩子的心声，造成了不必要的误解和代沟。

二是孩子从初中到高中这一段，个性心理越来越强，自我意识逐渐觉醒，叛逆意识逐步增强，使得他们对长辈的意见和批评天生就有一种抵触情绪。

三是双方本来就存在着一些误解，造成他们对沟通产生反感。

（一）班会背景

代沟现象是普遍存在的，它不是某一个特定时代的产物，而是每一个人成长过程中必然经历的过程。

有些学生跟我说，他们非常向往小说中或者影视作品中的善解人意的师长，觉得那样才是理解人的老师，才是爱护自己的父母。可是他们忽略了一点，理解是双方的，他们不愿意主动与长辈沟通，即使有矛盾和想法，宁可对外人说，也不愿意跟家长谈，宁可不读书，也不愿意和老师谈。而且，他们习惯于把不理解的过错责任全部推到长辈一方去，这样，怎么能够消除代沟呢？所以，可以通过主题班会，让孩子们明白，老师和家长都是爱护他们的，愿意主动与他们沟通。

（二）班会目的

1. 使学生理解家长的爱心，促进家长与学生间的沟通。
2. 使学生和老师互相沟通，营造一种和谐的教育成长环境。
3. 教育学生主动地去理解世界、理解他人，增进人际交往能力。

（三）活动纪实

> 1．摄制电视小品《空白的空间》。
> 2．排练文娱节目，组织好主持词。
> 3．制作Flash动画。
> 4．安排学生写作与沟通有关的故事。
> 5．请部分家长做好自己的兴趣调查表格。

主持人男：我们总是渴望，渴望一个心灵的港湾，可以安放我们所有的梦想。

主持人女：我们总是向往，向往一双温暖的手掌，可以安慰我们所有的忧伤。

主持人男：我们要让蓝天不再有乌云，让所有的天空都干净明亮。

主持人女：我们要让心灵不再有痛苦，让所有的日子都快乐欢畅。

主持人男：人间没有委屈，眼泪只为快乐流淌。

主持人女：世间没有代沟，幸福像花儿一样天天开放。

主持人合：同学们，让我们携起手来，一起敞开我们的怀抱，用积极的心灵，架设心桥，消除代沟吧。现在我们的主题班会"架设心桥，消除代沟"正式开始！

主持人女：深爱无言！有很多的爱，总是那么平淡真实。可是，由于我们的同学总是向往那些热烈的爱、那些轰轰烈烈的爱，却忽略了生活中更为真实的细腻的爱，所以有些同学常常懵懂地发问：爸爸、妈妈爱我们吗？

主持人男：有些同学因为感受不到真爱，于是自暴自弃，不思进取。其实，我们是身在爱中不了解爱啊。下面，请大家欣赏小品《感悟亲情》。

1．小品表演：《感悟亲情》

［校门边，蹲着一个黑瘦的中年汉子。他上身穿一件皱巴巴的白衬衫，下身穿一条脏兮兮的黑裤子，脚上穿

第四章 交流式主题班会

一双"踢死牛"布鞋,没穿袜子。他不断地取下脖子上的短毛巾擦额上、颊上大颗大颗的汗珠。他的脚旁放着一个鼓鼓囊囊的塑料袋,塑料袋里装着一些衣服、几包方便面,还有许多鲜黄的杏子。]

老师:找学生吧?

汉子[赶紧站起来,脸上堆着笑]:是,找学生。

老师:在哪个班?

汉子:高二(3)班。

老师:高二(3)班?

汉子:嗯。

老师:学生叫什么名字?

汉子:赵飞。

老师[心里"咯噔"一下。转过身,旁白]:赵飞是我班的"双差生",学习差,不守纪律。作为班主任,从高一到高二,我不知道给他做了多少次思想工作,都没什么效果。近来,顽劣程度还有所增加……唉!这就是他父亲?[打量着汉子]刚才下课没找着呀?

汉子[感激虔诚地]:来得不巧,进校门时刚打上堂(课)钟(铃)。

老师[看看表]:可这第二节课才上5分钟。就是说你还得在酷暑中苦熬整整40分钟!你有地方去吗?不要在这里久等,还要很久的。

汉子:没有关系,我可以等。

老师:这儿太热,教学楼北边台阶上凉快,坐那儿去等吧。

汉子[难为情地笑笑]:老师,您太好了。我是庄稼人,灰天土地的,碍眼,嘿嘿……

[教室内,赵飞正在睡觉。]

老师:赵飞啊赵飞!你这副样子,平时我已经是见怪不怪了,而今天却让我非常恼怒,真恨不得把你揪起来狠揍一顿!

教师如何开好主题班会

老师[做思考状]：怎么教训这个家伙呢？惩罚是没有用的。[忽然拍拍脑门，眼睛一亮，有了个主意]嘿，有了。[敲一下桌子，把赵飞叫醒。]

赵飞[被叫醒了，揉着眼，迷迷糊糊地站了起来]：老师……

老师[瞪了他一眼]：跟我来！

老师：往里边站点儿，赵飞。再往里边站点儿，站到窗户前。

[赵飞大大咧咧地站到窗前。]

老师：这节语文课，你在睡觉吧，赵飞？

赵飞[轻描淡写地]：是。

老师说：我想让你观察一个人。观察之前我想提醒你，今年夏天天气炎热，持续高温，今天的气温是38℃。你要一边观察一边思考：那个人来干什么？他为什么蹲在那儿？他一生最大的愿望可能是什么？——好啦，隔着你旁边的这扇窗户，那个人你抬眼就能看见。现在——开始吧！

[赵飞抬眼一望，恰好看见中年汉子站的位置。赵飞转身就要出去。]

老师[极其严厉地]：站住！按我说的做！

老师：我要告诉你的是，那个人在上课铃刚响时就来了，他不忍心叫儿子出来，怕打扰了儿子读书。也不愿意让儿子看见，所以不愿意进教学楼这边来等。他跑了那么远的路，在这么热的天气里，他的希望只有一个，让儿子好好读书。你现在仔细观察一下，想想他的心理想法，然后告诉我。绝对不准离开！

[然后老师不说话，让他静静地站着。办公室里静极了，只有吊扇转动的"呼呼"声。窗外，汉子热得汗水直流，不停地擦汗，他根本不知道，教室里边发生了什么，他以为他可爱的儿子，正在努力读书呢！]

[赵飞的眼里有了亮晶晶的东西。]

[赵飞的喉头在滚动。]

[下课的铃声响了，赵飞终于"哇"的一声哭出声来。]

赵飞[泣不成声]：老师，我错了，我……

老师[严厉而又语重心长地打断了赵飞的话]：什么也别说，去吧。我相信你是一个善于思考的学生。我不想听你现在怎么说，我想看你今后怎么做！

第四章　交流式主题班会

赵飞[咬着嘴唇重重地点点头，向老师深深鞠了一躬]：老师，您放心，我知道怎么做了。[转身跑出办公室。]

画外音：从此，赵飞像换了一个人！期末考试，赵飞的成绩跃入了班级前列。

主持人男：多么感人的故事啊，爸爸为了不打扰孩子的学习，宁可自己在烈日下等待。所谓真爱不言，就是这种爱吧。我发现很多同学被故事中的真情打动了。是啊，在别人的故事里，我们容易感到真爱，而我们自己呢，却常常感到委屈，为什么呢？我看原因只有一个，那就是我们没有懂父母的心情，没有了解他们的爱。

主持人女：生活中其实从来都不缺少爱，只是缺少理解，缺少发现。让我们细心体会和理解父母的爱吧。下面，请听男声独唱《懂你》。

2. 男声独唱：《懂你》

主持人男：把爱全给了我，把世界给了我。父母啊，这就是他们表达爱的方式。没有丝毫的豪言壮语，有的只是默默的深情，感谢××同学的精彩演唱，让我们用热烈的掌声，向他表示感谢。

主持人女：其实，父母一直都懂我们。但是，为什么常常有那么多的误解存在呢？是因为他们对我们有着热切的寄托，是因为我们是他们未实现的理想。一代又一代的父母，延续着一个又一个美丽的愿望。

主持人男：可是，由于我们自己没有主动地和父母沟通，没有主动地架设起理解的桥梁，于是，误解就不断加深，以至于我们和父母成了陌生的仇人。然而我们真的是仇人吗？请大家欣赏Flash动画《仇人》。

3. Flash 动画片:《仇人》

有位作家说父亲和儿子前世是仇人。这话,我信,而且,毫不怀疑。

我和父亲就是这样,见面就吵。他嫌我不争气,我怨他没本事。

我真的很怀念小时候,那时我自我意识没觉醒,谁的话都相信,看父亲更像仰望一座高山,崇敬之极。父亲呢,更是把全部心血都浇灌在儿子身上。儿子是他理想的转化与再生。父慈子孝,其乐融融。可再大些,大约七八岁时,就不行了。我顽劣习横的本性渐渐显露,对父亲不再唯命是从,顶嘴抬杠成了家常便饭。

有一次,他气极了,抓起一根做柜子用的木棍向我打过来。我用手臂一挡,"嚓"的一声木棍断为两截。随之,鲜血也顺着衣袖淌下来……我没动,也没哭,只是直直地站在那儿,瞪着他。他没吭声,往旁边一坐,抽烟去了。我依然站在那儿,死盯着他,直到母亲跑过来,紧紧地抱住我……

那时候,我觉得我和他是仇人。小时候做梦,和他打架,不,是和他打仗。我带一班人马,他领一支队伍,你死我活地拼杀,醒来时,却是泪流满面……

幸好他在家的时间不长,一年到头只有几个月。他会做木工活儿,一开春儿,便带着锯子、斧子,拎着装在塑料袋里的被子,出发了。收麦时再回来收拾庄稼。也许我真的没良心,从来不想他回来,他一回来我便要挨罚,或站、或跪、或打,最多的是罚跪,一跪跪一天。

他对上学有着特别的情结。小时候他上学,偷了家里两个鸡蛋去报名,竟又被奶奶赶了回来,为这事,他遗憾了几十年。所以,他便把所有希望的颜料涂在我身上,希望有一天我能照亮他的生命。

他依旧一年年地出去,只是不再年轻,身体也大不如以前灵便。

我上初中时,他为了方便管教我,便在本地谋了一份事做。那活儿很苦,也很脏,饮食更不好。我很担心,担心他出事。

那天晚上,我和母亲正看电视,听见有人敲门,开门看时,是他的一个同行,说他得了阑尾炎,要住院开刀。母亲二话没说,立刻拿了家里所有的钱去

第四章 交流式主题班会

医院。那时是春节前的一个月,风很大,雪很大,冰很厚……

春节前几天,他和妈妈回来了。他明显地瘦了许多,脸很黑,头发跟蒿草似的,又脏又乱。他虚弱得很,走路时一摇三晃,说话也很吃力。我为了庆祝他回来,便做了一只塑料孔雀,他看也没看,抓过来一把扔了,说我不好好看书,净弄些乱七八糟的玩意儿……那时候下着雪,院子里一片灰白,我呆在那儿,头扭向窗外,他坐在床上叹气,母亲在堂屋里低声抽泣——那时已是晚上,没人做饭,没人烧水——那时别人家已在脆脆的爆竹声里迎接新年的到来了。我望着飞舞的雪花,望着灰暗的天空,泪流满面……

升高中时,我失败了。他气得捶胸顿足,见了我就骂。他吃饭时往往是扒上一两口便把碗扔了,吓得啄食的鸡呼地跳了起来。那个夏天的太阳很毒,他却蹲在烈日下,一蹲几个钟头,留下一堆冒着火星的烟头……

第二年我又考了一次,而且考了一个很高的分数。他乐坏了,整天笑哈哈的。那一个月,他真的很幸福。

然而快乐是短暂的。

我也许真的是他的仇人。我一上高中便把他气坏了。因为我把大部分生活费都扔进了书店老板的抽屉里。

他那时身体已大不如从前,可为了我,还是没日没夜地干,有时直干到天明。冬天的夜很冷,可他还得抄起斧头去敲那些高高低低的柜子、椅子。有一阵子他病了,可仍不歇,结果不小心被电刨削去了半截大拇指……

可我终究让他伤透了心。当他发现我把几千块钱换成了一堆一堆的小说和散文时,他气得要命。而我不服,他气得要死,要去跳井,妈妈把他硬拉了回来。我明知自己错了,可依然嘴硬,还没良心地说他把钱看得比我重要。他一听这话,就再也不吭声了,抓起桌上一瓶白酒便猛灌下去,然后一抹嘴,红着脸倒头就睡。半夜里,他难受得很,便吭哧吭哧地下了床,踉踉跄跄地向院子里走去。我看到他一歪一歪的,没走几步,便蹲下来,难受地吐了起来。那时候下着雪,雪花在昏黄的灯光下轻轻地飞舞,它们轻轻盈盈地落在他身上,他只穿着薄薄的秋衣和秋裤,一只拖鞋被甩到了远处,他长一声短一声地呻吟,嗡嗡

嘤嘤地不知说些什么。然后他开始哭，先是轻轻抽泣，后来便放声大哭——那是冬天的深夜里，那是春节前的一个夜里啊！我看到远处爆竹放出的亮光，听到那些悠远而浑厚的声响，再看看他，我不知该做些什么。只是流泪……

后来我读到贝克莱的剧本，其中有一段对话：

> 儿子："你为什么要生下我？"
> 父亲："我不知道！"
> 儿子："你不知道，你不知道什么？"
> 父亲："我不知道我怎么会生下你！"

读这些文字时，我心里开始隐隐作痛。父亲与儿子的关系是永远无法改变的，就像地球绕太阳转一样真实。我想我知道父亲为什么会生下我。也许，前世我们是仇人，所以，才会有我们今世的争吵与伤心。

可是，今世，我是他儿子，他是我父亲。我的出生，是为了爱他；他的存在，是为了爱我。

如果真的还有来世，那么下一世我还要做他的仇人。

最后，我想说，树欲静而风不止，子欲养而亲不待。现在是春天，我不能错过。因为，一旦错过，就再也没有鲜花盛开的季节。

我想让他知道，我爱他，胜过爱自己。

主持人男：父亲与儿子的关系是永远无法改变的，就像地球绕太阳转一样真实。我想我知道父亲为什么会生下我们。我们的出生，是为了爱他们；他们的存在，是为了爱我们。

主持人女：可是，我明知自己错了，依然嘴硬，也许，前世我们是仇人，所以，才会有我们今世的争吵与伤心。朋友们，这是多么令人伤心的遗憾啊！

主持人合：让我们伸出自己的双手，袒露自己的胸怀，对爸爸、妈妈说声：我爱你们。让理解在我们的心灵之间架起一道彩虹吧！让误解像烟一样消失得无影无踪！

主持人男：可是，在平时，我发现有些同学不但不理解父母，还处处刁难父母，甚至动辄打骂父母，简直是太过分了！

第四章 交流式主题班会

主持人女：还有些同学，对父母的劳动不感动，对父母的感情不珍惜，认为父母所做的一切，都是理所当然的，孩子用不着感恩。这样，受伤害的，就只能是他们的父母。这样做好不好呢？作为同龄人，我们该如何劝说他们呢？下面，请欣赏配乐散文朗诵《那天你生日》。

4. 配乐散文朗诵：《那天你生日》

阿敏：

你好，几天来，有件心事老在困扰着我。不对你说，我的心难以平静；想告诉你，又苦于不知怎样开口。唉，还是原原本本地说一遍吧。

上星期四，是你16岁的生日，那天，天气特别冷，北风呼啸，天气阴沉，像是要下雪的样子。我们一大群男孩儿、女孩儿一下课，便匆匆来到你家。我按响门铃，门开了，我们看到你那兴高采烈的神情，一张如同鲜花似的脸。

你把我们引进门，随即，一阵香气浓浓袭来。厨房里探出两张苍老的脸。见你那么开心，他们笑得也好甜，眼角皱纹也显而易见。我走近了些，喊了一声："伯伯、伯母好！"朋友们也一一打了招呼，那两张脸更乐了，皱纹也更深了。

"好，大家好。"你爸爸边点头边说，"外面风大，你们冷吗？""不冷，今天阿敏生日，我们都开心着哩！"

"只要我们阿敏高兴就好，只要你们高兴就好。"一连串的"好"，把我们逗乐了。可你却收敛笑容，朝爸爸瞪眼："好，好，你就会说好，快点烧菜嘛！"瞬间，我心里感到一种难言的滋味……

房间里灯光透亮，壁顶上用一张张彩条连成条环，在灯光的映照下，光彩四溢，但有些刺眼。房间收拾得分外整洁。伙伴们立即忙开了，有的翻看影集，有的选听磁带，有的开始打牌消磨时间。你妈妈不时地跑来招呼："要不要冲热水？""泡茶还是煮咖啡？"一会儿，又拿来糖果、瓜子……

厨房隐约传来锅勺碰击声，飘来阵阵菜肴的香味儿。一个调皮的男孩儿跟你打趣，说肚子饿了。万万没想到，你竟气呼呼冲到厨房责怪你父母："你们手脚怎么那么慢？人家都快饿死了！"

续表

　　你父亲连忙回答:"马上就好,马上就……"声音清晰地传进房间,我们都感到很尴尬,先前那种难言的滋味,再一次掠过我的心头。

　　终于开席了。我们摆上几位同学还有你父母的碗筷,可是当我让你去请他们时,你却眨了眨眼,漫不经心地吐出一句:"叫他们最后吃,他们不会来的。"

　　我木然了。朝厨房望去,你父亲正吃力地帮你母亲穿上大衣,你母亲踮起脚来替你父亲围紧围巾,而后他们相互搀扶着,打开了门,一阵寒风钻进房间。

　　那时,我多想上前留住他们啊!但我能说些什么呢?当时只有你的话才能留住他们,你懂吗?然而,你没有做。二老依偎着步入街头……

　　窗外,风刮得更紧,天色愈加阴沉。

　　阿敏,再次感谢你在生日那天对我们的热情款待,平日里伙伴们开玩笑说到爱吃什么,你在宴席上都一一满足了大家。为了那天的生日,从未说过谎的你,竟私下托我向老师请了半天的"病"假。

　　然而,在那欢闹的情景里,在那丰盛的宴席中,我似乎隐隐感到缺少了点儿什么。缺了点儿什么呢?我也说不清,好像是一种极其重要的、只可意会不可言传的心情……阿敏,我们一向都很默契,这一回,你能明白我的意思吗?我有个想法,在不久的将来,大家重新聚一次,由我们出面来为你的父母做寿,同时献上我们最珍贵的礼物,好吗?

你的朋友
X年X月X日

　　主持人男:是什么让我们伤害了父母却还如此心安理得?

　　主持人女:是什么让我们享受了父母的劳动却不知道回报?

　　主持人合:是冷漠、自私、虚荣三大敌人。

　　主持人女:作品中利用温和的语言,把我们学生中的有些坏习气指出来了。是啊,冷漠使我们看不见父母对我们深沉的爱,自私让我们看不到父母心里的辛酸,虚荣让我们不敢面对父母的真情。我亲爱的同学们,我们可不可以能够像阿敏那样啊!大家说,是不是?(大家齐说:是!)

　　主持人男:让我们抛弃那些可恶的虚荣心理,坦率而真实地爱我们的父母吧。是他们，给了我们一个幸福温暖的家；是他们，给了我们一个遮风避雨的港湾。没有他们，哪里有我们自己呢？请欣赏歌舞表演《酒干倘卖无》。

5.歌舞表演：《酒干倘卖无》

主持人女：一首经典的歌曲，从上个世纪流行到这一世纪；一首真诚的歌曲，从这个人的心灵流向那个人的心灵。这就是真爱的伟大啊，这是懂得回报者的伟大啊，这是感恩者的深情呼唤啊！

你知道父母的生日吗？
你知道父母最大的爱好吗？
你知道爸爸最喜欢吃什么菜吗？
你知道父母的身体状况吗？
你知道父母最喜欢干的事情是什么吗？
你知道妈妈最喜欢什么颜色吗？
……

主持人男：让我们换个立场，去想想父母对我们的爱吧。下面，我们将做一个简单的游戏，填一份调查表，看看我们对父母知道多少。请女主持人发放调查表格。在发放调查表格的时候，我要告诉同学们，就在我们的同学做调查之前的一两天，我们派出去了三个调查组，找到我们班上部分同学的家长，请他们也一起做这份表格。等下我们做完了，就拿出来对照一下，看看我们的同学对家长了解不了解。好，现在开始答题。

6.调查活动：了解父母

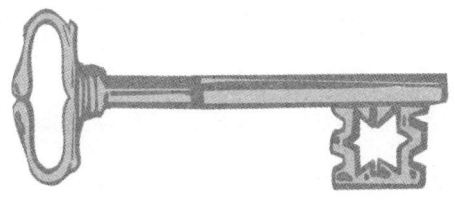

主持人女：理解是双方的，我们既要向父母敞开自己的怀抱，父母也要尊

重和理解我们。走得太近，看得太紧，管得太严，有时候也会增加误解。下面请欣赏电视小品《空白的空间》。

7. 播放电视小品：《空白的空间》

［全景：在这条街上有一家古香古色的小店，店里的墙上挂着许多名人的字画，有真迹，也有临摹。］

［特写：其中店主最为喜爱的是一幅齐白石老先生的真迹：在那狭长的画面上，有四只活灵活现的虾，其余地方一片空白，什么都没画。］

［全景：在街的尽头住着一户人家，女主人和男主人都是普通的工人，他们还有一个正在上中学的女儿。］

［人物：一天，女主人下班买了菜回家，路过小店时，无意间看见了挂在大堂正中的那幅齐白石的画。只见那白白的纸面上除了四只虾再无其他，好像是个学水墨画的学生的练习作业。女主人匆匆而去，家里还等着她做饭呢。］

［打开屋门，女儿已经回来了。］

女主人［关心地问］：乖女儿，今天晚上想吃什么呀？

［没有回答，没有声音，一片寂静。女主人惊讶地看着站在眼前的女儿，女儿没有往日可爱的目光、撒娇的话语，有的只是一脸愤怒。］［特写女儿面部表情。］

［女主人已经意识到了什么，因为她看见了女儿手中的日记本。］

［特写：日记本。］

［全景：家庭内。］

女儿［大声嚷着］：凭什么偷看我的日记！［随手将日记本狠狠地扔到了女主人脚下。］

女主人［也生气了］：你这是什么态度？有这么跟妈说话的吗？我还不是关心你，为你好！

女儿［死死地盯着女主人，一字一顿地说道］：是你逼我的，我要上锁！［然后便跑回自己的房间，关上了门。］

第四章　交流式主题班会

　　［从没见女儿发过这么大脾气的女主人感到有点儿意外，有点儿不知所措。女儿房间里传出了哭声。］

　　女主人［茫然自问道］：我真的错了吗?

　　［全景：第二天，生活还如往常一样忙碌，女主人依然下班买菜回家，依然路过那家小店，依然看见了那幅齐白石的画。］

　　［特写：画上依然没有水，可那虾却仿佛会动了。］

　　女主人［低声说道］：要是再画上点儿水的话，这是多好的一幅画呀。今天做几个女儿爱吃的菜，来缓和一下闹僵的母女关系。［说完又匆匆离去了。］

　　（女儿画外音朗诵）
　　我曾是一个很爱打听别人隐私的女孩，尤其对于朋友，我不希望她们有什么我所不了解的秘密。如果她们有，我便认为她们对我不真诚。于是我失去了很多珍贵的友谊。
　　我曾问自己：我真的错了吗?要知道我是在乎她们的呀!
　　今天，妈妈看了我的日记，尽管那里面没有什么见不得人的秘密，尽管我了解妈妈是爱我的，但我还是忍不住发了脾气。
　　现在我明白当初我的错，也正是今天妈妈犯的错：我们都太想走进属于别人的空间，别人的私人空间。每个人都有一个空间，他将它分割成许多份，分给亲人，分给朋友，但没有人会慷慨大方地将它全部分给别人，无论大小总会剩一块给自己，来盛放心中的秘密。
　　在别人眼里，那块小小的空间是一片空白，你可以随意想象，尽情幻想。因为你爱他，所以你将那空白的空间想象成美丽，想象成真挚；因为你将那空白的空间无尽地美化，所以你更爱他。此时，那空白的空间不正是充实的、丰富的吗?而当你任性地揭开它神秘的面纱，将一切看得清清楚楚时，便再也没有空白的空间让你去想象，站在你面前的这个人没有一丝一毫的秘密，真实到了极点，他是痛苦的，你难道就不是吗?此时，真实的空间也变成空虚的了。
　　爱一个人，就给他充裕的空间，别刻意去探寻他的秘密，别奢望去了解他的全部；在乎一个人，就给他足够的自由，别随意去束缚他的行为，别妄想去改变他的生活。

　　［打开屋门，女儿没在家。她想女儿一定还在生气，抽屉一定已经上了锁，日记也一定放进了抽屉里。走过女儿的房间，门没有关，突然女主人发现

女儿的写字台上摆着一个熟悉的本子,那个女儿曾神神秘秘藏在枕下的本子,那个她曾一页一页细细读过的本子,那个曾被女儿狠狠摔在地上的本子。而如今,它却如此坦然、如此光明正大地躺在写字台上。女主人犹豫了一下,终于还是走过去翻开了它。同她上次看到的本子没有什么大的区别,只是又多了一篇日记。]

[特写:时间,2008年11月18日;天是阴冷的,心情是灰暗的。]

[闪回:天是阴冷的,心情是灰暗的。]

[特写:女儿的脸。]

[蒙太奇:齐白石的画,女儿写日记的镜头,女儿愤怒的脸,女主人惊慌的脸,女儿哭泣的镜头……]

画外音:第三天,女主人又路过了那卖字画的小店,这一次她没有匆匆离去,而是停下脚步,静静地看着大堂正中的那幅齐白石的画:在狭长的画面上只有四只游动着的虾,其余地方一片空白,画家对水不着一笔,巨大面积的空白却给人水气淋漓的感觉,使人感到满纸都是水。

主持人女:生活中的矛盾无处不在。我们要抛开狭隘的自我中心意识,父母也要给我们足够的宽容和理解,这样很多矛盾就会化解、消失。

主持人男:其实,关于理解,还有很重要的一个内容大家没有说。不知道是怕说还是不想说呢?

主持人女:什么内容是怕说与不想说的呢?这么神秘。

学生1:还是让我说吧。我们感觉到与老师之间也有不能够沟通的地方。

主持人男:是啊,我们常常说老师不理解我们,老师又非常委屈,他们觉得对我们付出了最大的耐心。因此,我们与老师之间也有误解,也

第四章 交流式主题班会

有代沟啊!下面,进行班会第8个程序——师生对话:我想对你说。首先,请听同学们对老师如何说。

8. 师生对话:我想对你说

学生1:老师,我想对你说……

张老师,您愿意听我的肺腑之言吗?乐意听我的真挚倾诉吗?我想,您一定会的!一定会耐心地看完我这因激动而颤抖的手写下的心里话。

张老师,您还记得我们班上原来的文体班长莉莉吗?就是刚转入我们班时因一曲热情欢快的《白鸽子》而获得"小白鸽"雅称的莉莉,您记得吧?您还记得那次您对她大发雷霆的事吗?您可能忘了吧?那时,莉莉看到班长整日钻进武侠小说里,以致学习成绩直线下降,她就给他写了一封信,劝说他不要沉溺于武侠小说。班长感激万分。他也给莉莉回了一封信,表示决心改正。谁知您知道这事以后,竟大为恼火,用了两节自习课的时间,开什么所谓的"疏导会",说我们这个年龄是个危险的年龄,男女之间要庄重点儿,并举出许多"实例"加以"证明",并且再三强调,要自尊、自重,下不为例!张老师,您是否看到,我们当时是用怎样惊奇的目光懵懂地打量着您的?——那是不亚于打量外星人才有的目光啊!

第二天,您是否注意到,莉莉那神采飞扬的笑脸憔悴了,仿佛罩上了一层灰暗的、痛苦的阴影,那双藏着梦幻的眼眸失去了原有的神韵,顾盼中流露着某种酸楚和忧伤?张老师,我们男女生之间难道连一点儿交友的权利也没有了吗?没有友谊,会给我们浓烈的生活抹上一层黯淡的色彩啊!您或许对此早已淡忘了,但这却深深地烙进了我们稚嫩的童心里。因为,那是创伤啊!

张老师,说真的,我们都爱听您的课。您那

不怒自威的神态，稳重沉缓的步伐，苍劲有力的笔迹，深入浅出的讲解……都曾深深地吸引着我们。然而，张老师，每当您上上午第一节课时，您总爱提前几分钟，以致文体班长刚起了歌，我们正纵情歌唱时，您一声断喝："上课！"我们的歌声只有戛然而止，我们机械地跳起来，有气无力地回了声"老师好"，再没精打采地坐下。张老师，即使您的课再生动有趣，可以想象，在这种心境下听课的我们，会感到何等索然无味呀！

张老师，您这么大的年纪，每天都得批改一大堆作业，十分辛苦。我们的作业或考卷，有时竟出现对的打错，错的打对的现象。可是待我们翻开您认为的那几个"尖子"的作业本或考卷时，却发现他们哪怕有一点点微不足道的错误，您也给详细地指出并改过来……张老师，上课提问时，我们只得"放心地""默默地"静坐着，听着您提那几个叫腻了的名字。张老师，您的眼里，也该有我们才对呀！张老师，您曾极痛心地对我们说："同学们，你们理解我的爱心吗？"理解本是相互的，我斗胆问一句："张老师，您也理解我们渴望爱的心灵吗？我们也需要您的爱啊！"

张老师，虽然有人说，班主任是世界上职位最低的主任，可是，对我们来说，班主任无异于"皇帝"呀。要说，我本该"为长者讳"，可我却不揣冒昧，给您写这封信，说了许多您的不是。张老师，我知道我所说的这些是鸡毛蒜皮的积弊，但是，我是多么希望张老师您能做一位革除这种积弊的先行者呀！

白璧虽有微瑕，仍不失为珍贵；但若将微瑕去之，不更增其美吗？张老师，您说是吗？

学生2：老师，我想对你说……

"这是谁画的？站起来！"严老师又"河东狮吼"了。

60多双眼睛齐刷刷地射向老师手里举着的一幅漫画：稀疏卷曲的头发，大眼镜占了整张脸的四分之三，手里拿着教鞭，唾沫星子横飞……这不正是班主任严老师的尊容吗？旁边的一行小字点明了主题：老师，快下课吧！

天啊，这不是我画的吗？什么时候跑到老师手里去了？我想起来了，一定

第四章 交流式主题班会

是班里那个有名的喜欢恶作剧的"淘气鬼"搞的鬼。我心中暗想,这下完了。

"到底是谁画的?"严老师的声音提高了八度,脸由红转青,继而发紫,眉毛拧到一块去了,眼镜片后的目光令人不寒而栗,似乎每个毛孔都迸发出愤怒。我别无选择了,心一横,迎着老师的目光站起来。室内哗然:"怎么是她画的?"

"平时挺正经的……"

"这下该有好戏看了。"

"好,画得好!"……

"肃静!"老师终于开口了,"你为什么要画这样的画?我是爱拖堂,可那都是为了你们呀,你是不是因为前几天……"老师没有说完的话,使我想起了前几天发生的一件事情,至今我还耿耿于怀。那天,我刚从美术小组回来,就被严老师叫住了:"小丽,美术小组今后就不要去了,现在哪有时间画那玩意儿。再说,你画得再好,成绩不够,大学也不会录取你的,考上大学才是真正的英雄……"就这样,在美术小组里再也见不到我的身影了。可我却有满肚子话要说。经过构思,这样一幅被老师认为是恶作剧的"杰作"便"问世"了。

"老师,我早就想说……"憋在肚子里多少天的话,今天终于说出口了,"老师,我不是有意伤害您。自从上了高中,我们就像绷紧的弦、笼中的鸟,美术、音乐课没有了,连体育课也被挤掉了,现在就连课间十分钟也不给我们。取而代之的是做不完的习题、看不完的书,大考小考,一张张严肃的面孔……真要把我们搞成了书呆子,搞成了孔乙己、范进……"

"住口!越说越不像话。"显然,我的话又一次把严老师激怒了,"站到墙角去!"于是,昔日惩罚考试不及格同学的地方,今日成了我的受罚之地。

60多双眼睛看着我。我从他们的目光中看到了同情,看到了期待。于是,我更大胆地打开了思想的闸门。

老师,我没有错,就是您再问我一千次、

一万次,我还是说:我没有错!我只不过说了真话,说了同学们想说而不敢说出的话。

老师呀,难道您忘了歌咏比赛我们班是倒数第一;运动会上,我们班只有一名同学得了一块小手绢儿……每当事情过后,您总是满不在乎地说:"一切都是次要的,榜上题名才是真英雄。"

老师,我要说,我们的压力太大,负担太重了。我们每天的生活就是两点一线:家——学校。每天,我们总是"跟着感觉走,抓不住梦的手,脚步越来越慢,越来越沉重……"这成了我们班的流行歌曲。难道我们中学生的生活就应该是这样吗?为什么把我们搞得如此沉重?老师呀,您可知道,生活的色彩并不是蓝色的忧郁,不是黄褐色的孤独,更不是雪白色的单调、苍白,它应该有歌声,应该有鸟语花香,应该有绿草、轻风……

总之,生活不能没有阳光,不能没有色彩。老师,您说对吗?您说:"榜上题名才是真英雄。"而我却要说:"榜上无名,脚下有路。"

面对着雪白的墙壁,我认真思索,这是我平生第一次站在公众面前,不是领奖,不是慷慨激昂地讲演,而是被罚站。但是,如果能因此把这一切改变,使我们多点儿快乐,多点儿轻松,我宁愿站上半个世纪!老师,您也一定会思索,惩罚我不仅仅是为了那张"丑化"了您的漫画吧……

老师发言:让我们架设一座通向心灵的桥梁。

> 今天,听了同学们的肺腑之言,我很感动,孩子们。
> 尽管主持人告诉我,你们有真话要说,但是,我没有想到是对我自己说的,所以有一点儿意外。但是,毕竟我们走到一起,敞开胸怀互相诉说了,这就是一个良好的开端,是值得庆贺和欣喜的。今天你们的大胆表现,也是值得我骄傲和欣慰的。所有的这些,我都很感动。
> 我平时有很多地方做得不好,主要体现在下面几个方面:

老师对学生的了解不够

第四章 交流式主题班会

一是对你们了解不够。由于教学任务很重,我们在一起生活、对话、游戏的时间很少,像刚才的几个同学说的事情,确实是真实的,尤其是对待莉莉与班长之间那件事情的处理不当,就是我对同学们生活与内心世界缺乏了解的一个突出表现。后来我找他们多次谈话,向他们了解了事情真相,并向他们本人道过歉。同学们今天把这件事情再次提出来,也给我再次提个醒,我以后尽最大可能和同学们多交流。在这里,我要向那些曾经被我误解了的同学,向那些被老师无意伤害的同学郑重地道歉,请原谅我的疏忽,我亲爱的同学们。

同时,在这里,我也向大家提一个要求,请大家以后有什么事情,直接找我说,有什么难处和痛苦,直接跟我说。如果是我处理不当的事情,请你们在我处理后,再找我说,不要把什么东西都隐藏在心里,好不好?让我们架设一座通向心灵的桥梁,尽量减少误解的产生,好不好?

凭经验办事

二是凭经验办事,有点儿想当然,处事粗糙,伤了同学们的心。老实说,我做班主任也已经有十多个年头了,正因为做了多年的班主任,积累了一些经验,所以在处理事情的时候,没有再深入了解实际情况,有些凭借经验办事。今天大家给我提出来了,我很乐意接受大家的批评。

工作方式简单

三是工作方式有点儿简单,让大家为难了。在看作业的时候,有点儿凭借着印象做事,对有些作业看得不够仔细。今天同学们给我指出来,我一定改正。

但是,有一点我要说明一下,同时,也请大家对照检验一下,看我说的是不是符合实际情况。那就是为什么有的同学本子上有批改,有的没有。我对大家的作业都进行了细心批改。我在看作业的时候,对于一些个别的问题,就在本子上直接指出了,对于一些共同的问题,就在后面的课堂上公开讲解了。所以,有些同学犯的是同类错误,我就没有一一在本子上改正,那样时间来不及。但是,我们可以回忆一下,是不是我没有修改订正的错误,基本上第二天或者第三天就在课堂上讲了呢?老实说,我看作业的时候,没有对差生表示过忽视,相反,对于有些差生,他们的作业我还进行了详尽批改。我记得小来同学的作业,他只写了三行,我提的建议和意见就达到了整整一页纸,大家不信可以课后去看看。如果有些同学说我没有给他进行过评改,我想那可能是你犯了大家都犯的错误了。这样的情况下没有给你指正,因为我在第二天的课堂上给大家集中讲解了。你们如果能够理解,我表示感谢;不能够理解,我表示遗憾。

面子观念强

　　四是有点儿虚荣，面子观念很强，不敢正视自己的缺点和错误，不敢公开承认自己的错误。这是我以前的缺点，谁都有面子观念，适当的面子观念可以成为一个人工作的动力。不过现在我想，我们需要沟通，就不能够不承认自己的缺点，不然给同学们的感觉就是很不真诚。所以我诚恳地把自己拿出来批评，我也愿意改正这些缺点，请同学们监督。

　　最后我要说，同学们，我诚恳地希望你们以后多跟我交流，多跟我谈心。我们抛开年龄上的差距，成为最友好的朋友，大家说，好不好？

　　主持人男：班主任老师的坦率和真诚让我们感动。在班主任老师的发言中，同学们多次鼓掌叫好，这是一件值得欣慰的事情。我们有些同学只看到自己看得见的一面，因此就对老师有了错误的判断，比如说看作业的事情，就是我们有些同学过于敏感的缘故。可见，不仅是我们需要和老师交流，大家都需要交流，需要了解。只有我们主动地架设心灵的桥梁，年龄的差距才会缩小，代沟才会消失。让我们再次以热烈的掌声，向老师表示崇高的敬意！（带头鼓掌）

　　主持人女：是啊！老师的伟大，就在于他给我们树立了模范。他渊博的学识，是我们获取知识的源泉；他高尚的人格，是我们学习的典范。所以，尽管我们对老师存在误解，尽管我们感觉到年龄的差距，但是我们相信，代沟是可以跨越的。谢谢老师给我们树立了榜样，理解是双方的，谁先走前一步，谁就拥有了理解的主动权。

　　主持人男：老师都大胆承认了自己的缺点，这需要足够的勇气，同时也体现了老师的伟大，而我们为什么老是对生活充满怨言呢？同学们，让我们抛弃狭隘，敞开胸怀，大胆地走出封闭的心灵吧！

　　主持人女：正因为老师的伟大，所以，有很多人梦想做一名光荣的教师。下面，请欣赏女声独唱《长大后我就成了你》。

第四章　交流式主题班会

9. 女声独唱：《长大后我就成了你》

主持人男：爱在我们的周围，我们在爱的中间，为什么不拿出自己的主动，让爱不再成为一种伤害呢？

主持人女：往前走一步，我们就能够获得理解；往后退一步，误解就此产生。要想父母、老师理解我们，就请不要封闭自己的心灵。

主持人男：天下没有不爱自己儿女的父母，天下没有不关心不爱护自己学生的老师！同学们，让我们拿出自己的行动，让代沟不再存在，让心灵沐浴理解的光芒，让生活因理解而格外美丽！

最后，请大家合唱一首歌曲《难忘今宵》。

10. 合唱：《难忘今宵》

班会结束。

（四）班会小结

> 　　代沟是一个敏感的话题，理解是一个永恒的话题。从主题班会的立意和设计上看，组织这样一次班会是非常必要的。
> 　　沟通是消除代沟的最好办法，无论是在师生之间，还是在家长和子女之间，积极有效的沟通都是消除代沟的最好方式。

二、学习方法交流班会

（一）班会目的、重点及形式

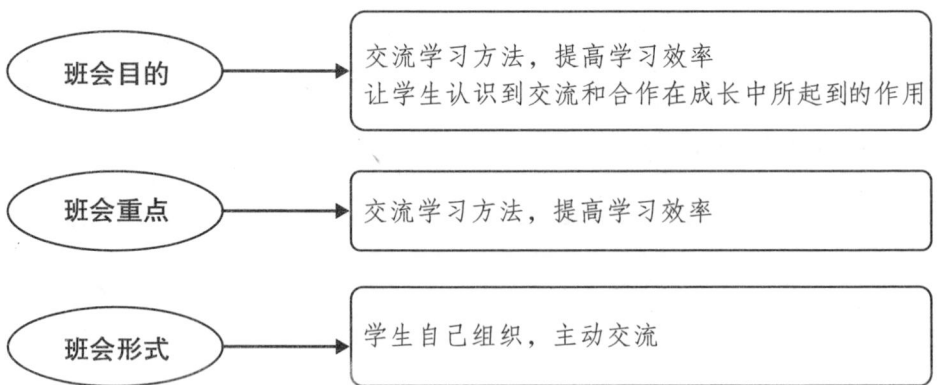

班会目的 → 交流学习方法，提高学习效率
让学生认识到交流和合作在成长中所起到的作用

班会重点 → 交流学习方法，提高学习效率

班会形式 → 学生自己组织，主动交流

（二）班会纪实

主持人：

上学期经过全班同学的努力，我们班取得了非常优异的成绩。但每个同学的情况不相同，有的同学付出了，得到了丰硕的回报；有的同学付出了，却事

第四章 交流式主题班会

与愿违。这就是学习方法的问题。今天针对这种情况,我们选取了部分同学作为代表,让他们谈谈自己的学习方法,也许这些同学的方法还不够完善,但愿能起到抛砖引玉的作用。

下面先请小梅同学发言,大家欢迎!

1. 自信是成功的基础

发言人:

站在讲台前,我很紧张,因为这是我第一次站在讲台前面对全班同学发表演说。也许这次我考得真的不错,但还没有达到我的目标,我会继续努力,我相信你们也会努力。努力当然必不可少,但我能够取得这样的成绩最主要的不是努力、刻苦的结果,而是我自信的回报。因为期中考试我考得不  好,但我没有因考得不好而放弃,因为我相信,我有能力考得更好,所以我不但没有放弃,反而比以前更加努力。我也相信,在座的各位都有这个能力,都能取得更好的成绩。无论这次你考得多差,只要你不放弃,充满自信,就一定能取得好成绩。也许有人不信,那么我就请大家听一个故事。

加拿大有一位长跑教练,因为在短时间内培养出几位长跑冠军而闻名。他成功的秘密是他有一个神奇的陪练,这个陪练不是人,而是一只凶猛的狼。他这样做是有原因的。他训练的是长跑运动员,每天的第一课就是从家里跑过来。有一个队员每天都是最后一个到,而他家也不是离得最远的。教练甚至都对他说过让他改行去干别的。但突然有一天,他比其他人早到了20分钟。教练知道他离家的时间,粗估了一下,惊奇地发现,这个队员今天的速度几乎可以超过世界纪录。这个队员气喘吁吁地描述着他今天的遭遇:他在离开家穿过五千米的野路时遇到了一只狼,那只野狼拼命地追他,他拼命地往前跑,那只野狼竟被他给甩下了。

听到这里，也许大家已经明白了，我们中的许多人在日常生活中大都犯过这样一个致命的错误：总在诅咒我们的敌人，或总在庆幸自己没有遇到可怕的敌人，或者因为自己遇到了敌人而失魂落魄。这恰恰错了，我们应该为有一个敌人甚至是强大的敌人而庆幸，为自己遇到艰难的境遇而庆幸，因为这正是你脱颖而出的机会。挥去对挫折的担忧和焦虑，努力去发现每一种处境中积极的因素，这就是自信所起的重要作用。

其实，站在这里，我有点儿愧疚，因为这个位置是为优秀的学生而设，而我，不是优秀的，因为我经常犯错误，经常挨批评。也许这就是所谓的困境，所以我会努力改正，努力寻找走出困境的道路，我不会放弃，我有信心搞好学习，也希望和我处境相似的同学，你们也千万不要灰心，不要放弃。

> 关于学习方法，每个人都有自己量身定做的学习方法，别人的不一定就比你的好，也不一定就适合你，所以你只要相信自己，按照你自己的方法，坚持不懈地努力、拼搏，就能获得成功。

主持人：

学习中，补充些课外资料也很必要，但要注意"滋补度"，不能盲补，最好不要"营养过剩"。也就是说，我们不能因沉浸在大量的题海战术里而忽略了书本的重要性。俗话说："万变不离其宗。"书本才是最重要的课本。下面请听小露同学的书本之用。

发言人：

我在上学期的学习中坚持了"以书本为主，资料为辅"的学习方法。我们不可以盲目地热衷于参考书，忽视课本的重要性，而要把课本与资料有机结合，在明确重点、突破难点的基础上，加深对基础知识、基本技能的理解和利用，积累解题技巧，掌握各学科的不同思想方法，学会举一反三和融会贯通，还要从某一点进行散发性联想。

第四章　交流式主题班会

以书本为主，资料为辅

课下工作对我们的学习也很重要，我们在课后还要对一些重点题目进行反复的再思考、再分析、再理解。要从基础知识的学习进一步过渡到发散思维能力的延伸，然后总结规律，形成自己的知识网络，最后经过长期知识整理，形成自己的学习方法。

主持人：

兴趣是人生的第一位老师。有了兴趣就不怕做不成事。而且兴趣也是慢慢培养的，不可急一时之功。希望下面小慧同学的介绍能使你有所收获。

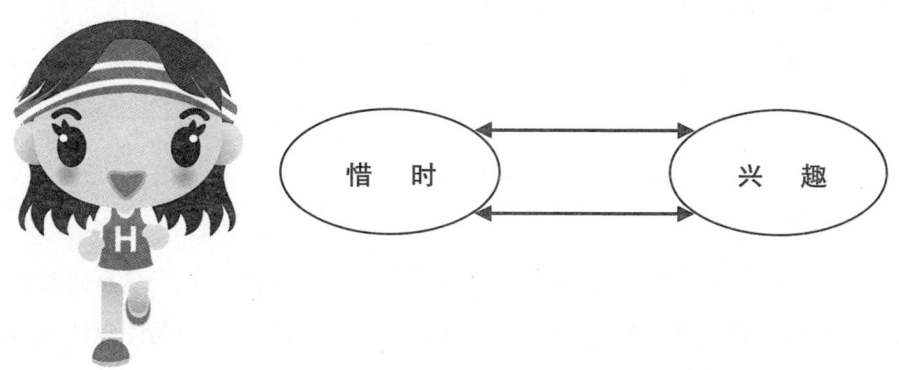

发言人：

这次能在考试中取得优异的成绩，我很荣幸。下面我向大家介绍几点学习方法。

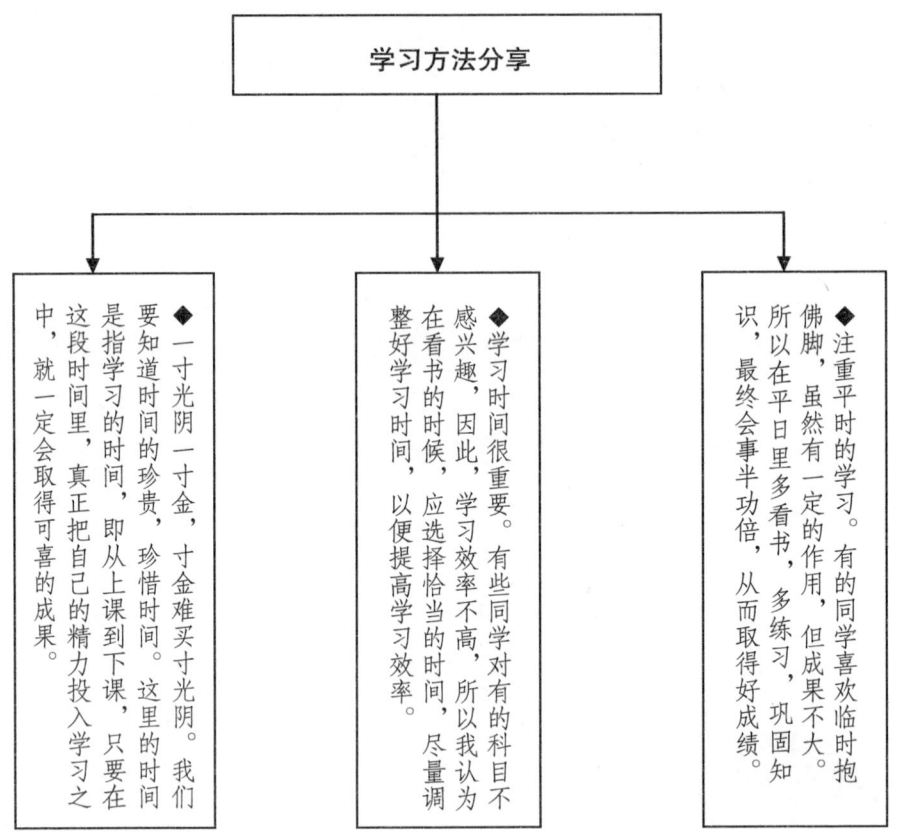

主持人：

每一门学科都有每一门学科的特点，因此每一科都有一些与众不同的学习诀窍。当然，预习与复习必不可少，那么现在让我们听一听小明同学的成功宝典中的数学绝招吧！

2. 抓好"课前、课堂、课后"三环节

发言人：

这次我来介绍一下数学的学习方法。主要分为课前、课堂和课后三个

方面。

数学学习方法介绍

课前预习。课前预习不必过于深入，只要能把基础概念和例题看懂就可以了。因为老师在课堂上还要拓展，课后还要复习。如果太深入，就是浪费时间了。

课堂学习。某些同学课前也准备好要仔细听，但老师一讲课，头就发懵，这时就应该积极回答问题，即使不站起来回答，也应该在下面回答。当老师讲题的时候，学会做这一题是次要的，最主要的是听老师拿到这一题后是如何入手，解这一类型题的主要思路以及对这一题的拓展。如果课堂上遗留下了一些问题，一定要记下来，课后问老师或者是请教周围的同学。

课后复习。课后复习并不一定要麻木地做题，对于同一类型的题，顶多做两遍就可以了，再多就是浪费时间了。

上面只是我的一些浅见，我相信，肯定还有同学有比我有更好的或者是更适合同学们的学习方法，请同学们课后共同交流吧。

主持人：

著名教练米卢说过："态度决定一切。"良好的学习态度是成功的一半。诚然，抓紧课堂上45分钟的时间、必要的巩固、合理的安排也举足轻重，下面请小贺同学给我们交流一下他的学习方法。

3. 注意"课堂、课后、时间、态度"学习中的四因素

发言人：

1．课堂45分钟。想要学好各科知识就必须以课堂45分钟为基础，认真对待每堂课，掌握知识要点，打好根基。尤其文科方面，大多都是记忆性的知识，能够在课堂上掌握其基础知识要点，那么课后的巩固也就方便多了。

2．课后的巩固。俗话说"熟能生巧"，光有了课堂45分钟的基础是不够的，还需要对其巩固和记忆，这样以后才能对这些知识记忆犹新。这不仅对文科知识很重要，而且理科知识一样重要。理科知识需要做大量的题来巩固，也就是说我们课后必须做大量的训练。

3．合理安排学习。比如：巩固理科知识要做大量的习题，但我们不能盲目地去做题。这样一点儿好处也没有，最后受了罪，却没有收获。因此，做题也要善于选择。要精益求精，做过每道题后能够举一反三，这样才会提高我们的成绩。

4．要有好的态度。在学习过程中，大多数人可能都会态度不专一、心浮气躁。比如有时在看一道例题时，怎么也看不懂，放下来去看别的吧，但心怎么也不能平静。这就需要有好的态度。

主持人：

我们每天的学习总离不开解数学题，下面就请林林同学为我们介绍一下如何解数学题。

第四章 交流式主题班会

4. 如何解数学题

发言人：

课前，认真做好预习，持之以恒。上课时，对老师讲解的概念、定义、例题要深刻理解。课后，对于数学练习，做题前，首先要回顾课本上的相关内容，做到温故知新。做题时，要认真审题，思考解题方法。做完后，注意总结，及时纠正错误，遇到不会的及时请教老师。

比如说课后，对于数学基础训练册，做之前，首先要看学习要求，回顾课本上的相关内容，看自己是否完全掌握，做完这项工作后，再做下面的习题；做题时，首先要认真审题，思考解题方法，尽量多想出一些新的方法，以扩展思维，选出最简便的方法；做完后，可归纳这类题目的解题技巧，提高解题速度；做错的及时纠正，不会的问老师，把每一道习题都弄懂。

主持人：

"师者，传道受业解惑也。"几千年前的人都知道这么重要的学习方法。我们为何不借鉴一下呢？下面请听小明给我们的一些启示：站在老师的肩膀上去摘星辰。

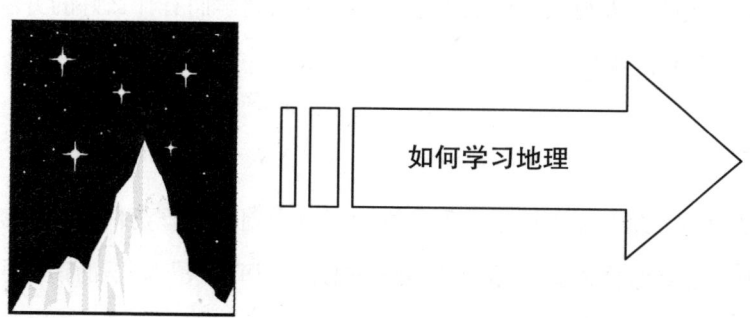

5. 如何学习地理

发言人：

今天很荣幸，能够站在这里为同学们介绍学习方法。因为我的数理化三科成绩均不理想，但在地理方面成绩还不错，所以现在我向同学们说说我在学习地理方面的一些体会，希望对大家会有所帮助。

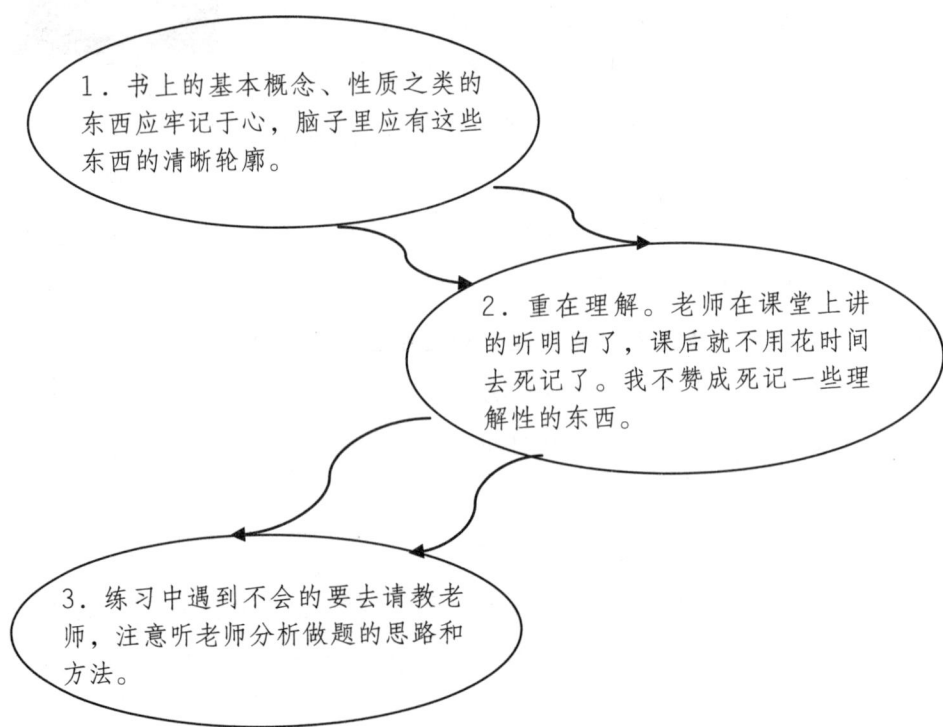

1. 书上的基本概念、性质之类的东西应牢记于心，脑子里应有这些东西的清晰轮廓。

2. 重在理解。老师在课堂上讲的听明白了，课后就不用花时间去死记了。我不赞成死记一些理解性的东西。

3. 练习中遇到不会的要去请教老师，注意听老师分析做题的思路和方法。

以上是我的个人观点，仅供大家参考，如果同学们有什么好的方法，希望一起交流，共同进步！

主持人：

高昂的学习劲头令人振奋，但良好的复习计划也很重要！平时的复习至关重要，不要总临时抱佛脚。因为"临阵磨枪，光却不快"。下面请听小冰同学的复习方法。

第四章 交流式主题班会

6. 考前的复习

发言人：

我认为学习要有一个计划，我这次讲的是考试前的复习。

- ●首先，你要了解自己的学习情况，在考试前的四五周内，制订一个适合自己的复习计划而且要安排好自己每天的复习时间。

- ●其次，认真地完成每天的复习任务，尤其是以前不明白的地方。比如数学，复习时，在前两周内，你可以把重点放在课本上，巩固学习过的知识点、定理、公式，并把课后习题彻底搞懂。

- ●最后，在后几周内把自己的笔记拿出来，把老师讲过的习题有重点地看一遍，并把自己以前做错的题仔细看一遍，找出错误的原因，避免再次出错，最后做一做这学期的综合试题。

主持人：

我们最头疼的是考试。而我们的学习生活中最频繁的也是考试。俗话说："考考考，老师的法宝。"可惜我们不能"抄抄抄"，那就让我们总结考试经验，爱上考试吧！下面让我们来听听小鹏的考试态度吧！

7. 对待考试的态度

发言人:

人的一生中会面临许多各式各样的考试,考试也许是我们学生生活中不可或缺的一部分。对待考试,我们应该有正确的心态。

1. 要重视平时的学习,积极做好预习、练习、复习。
2. 对自己兴趣不大的学科,一定要给自己压力,要努力培养兴趣,切不可偏科。
3. 考试时,要放松心情,不必太在意结果,但也不能敷衍了事。要把考试当成对自己所学知识的检验。
4. 考试后要总结经验和教训。

8. 班主任发言

听了以上几位同学的发言,我感到大家讲的很实在,很切合同学们的实际。希望同学们对照自己的学习实际,找到适合自己的学习方法。这里我针对咱们班的实际情况,在学习上提出以下几点希望:

> 同学们心中要有明确的奋斗目标

如果一个人没有目标,人生必定以挫败结局。有了目标,人生就变得充满意义,一切事情都会清晰、明朗地摆在你面前:什么是应该做的,什么是不应该做的,为什么而做,应该怎样做。

第四章 交流式主题班会

这里我举个例子,德国法兰克福的钳工汉斯·季默,从小就迷上了音乐,他的心中有一个始终不变的奋斗目标——当音乐大师。尽管买不起昂贵的钢琴,但他能用钢板制作的模拟黑白键盘,练贝多芬的《命运交响曲》,还竟把十指磨出了老茧。后来,他用作曲挣来的钱买了架"老爷"钢琴,有了钢琴的他如虎添翼,并最后成为好莱坞电影音乐的主创人员。

他作曲时走火入魔,时常忘了与恋人的约会,惹得女孩"骂"他是"音乐白痴""神经病"。他不论走路或乘地铁,总忘不了在本子上记下即兴的乐句,当作创作新曲的素材。有时他从梦中醒来,打着手电筒写曲子。汉斯·季默在第67届奥斯卡颁奖大会上,以闻名于世的《狮子王》荣获最佳音乐奖。这天,是他的38岁生日。

我们可以看到,在他成功的背后,除去艰辛的付出,更重要的是他心中始终有一个清晰的人生奋斗目标——当音乐大师。

> 同学们要有锲而不舍的拼搏精神

在成功学中有"蜗牛行为"一词,它是指一个人没有计划地行进,没有拼搏的意识,速度慢得惊人。同学们必须明白,进取的力量能把一个弱者塑造为强者,因为进取能够逼迫一个人做自己极力想做的事,并且浑身充满干劲。

> 不知道同学们是否知道鲮鱼和鲦鱼的习性?

> 鲮鱼喜欢吃鲦鱼,所以鲦鱼总是躲避鲮鱼。有人曾经用这两种鱼做了一个实验:实验者用玻璃板把一个水池隔成两半,把一条鲮鱼和一条鲦鱼分别放在玻璃隔板的两侧。开始的时候,鲮鱼要吃鲦鱼,飞快地向鲦鱼游去,可一次次都撞在玻璃隔板上,游不过去。过了一会儿工夫,鲮鱼放弃了努力,不再向鲦鱼那边游去。更有趣的是,当实验者将玻璃板抽出来之后,鲮鱼也不再尝试去吃鲦鱼!鲮鱼失去了吃掉鲦鱼的信心,放弃了已经可以达到其目的的努力。

其实，作为万物之灵的人，有时也犯鲮鱼那样的错误。记得4分钟跑完1英里的故事吧？自古希腊以来，人们一直试图达到4分钟跑完1英里的目标（约6.705米/秒）。人们为了达到这个目标，曾让狮子追赶奔跑者，但是也没实现4分钟跑完1英里的目标。

于是，许许多多的医生、教练员和运动员断言：要人在4分钟内跑完1英里的路程，那是绝不可能的。因为，我们的骨骼结构不完全对称，肺活量不够，风的阻力又太大……理由实在很多很多。

然而，有一个人首先开创了4分钟跑完1英里的记录，证明了许许多多的医生、教练员和运动员都断言错了。这个人就是罗杰·班尼斯特。更令人惊叹的是，"一马当先"，引来了"万马奔腾"。在此之后的一年，又有300名运动员在4分钟内跑完了1英里的路程。

训练技术并没有更大突破，人类的骨骼结构也没有突然改善，数十年前被认为是根本不可能的事情，为什么变成了可能的事情？是因为有人没有放弃努力，有坚忍不拔的毅力，有顽强拼搏进取的精神。

> **同学们要掌握正确的思考方法**

善于思考能让人避开盲目性。古希腊伟大的思想家柏拉图说："思考的危机决定了一个人一生的危机。"同样，思考的失败，也决定了一个人一生的挫败。一个不善于思考难题的人，会遇到许多取舍不定的问题；相反，正确的思考能发生巨大作用，可以决定一个人应该采取什么样的行动。

比如古希腊的佛里几亚国王葛第士以非常奇妙的方法，在战车的轭上打了一串结。他预言：谁能打开这个结，谁就可以征服亚洲。一直到公元前334年，还没有一个人能够成功地将绳结打开。这时，亚历山大率军侵入小亚细亚，他来到葛第士绳结前，不加考虑，便拔剑砍断了绳结。后来，他果然一举占领了比希腊大50倍的波斯帝国。

又如一个孩子在山里割草，被毒蛇咬伤了脚。孩子疼痛难忍，而医院在远

第四章　交流式主题班会

处的小镇上。孩子毫不犹豫地用镰刀割断受伤的脚趾，然后，忍着巨痛艰难地走到了医院。虽然缺少了一个脚趾，但孩子以短暂的疼痛保住了自己的生命。

再如一个下岗工人到一家餐厅应聘做钟点工。老板问：在人群密集的餐厅里，如果你发现手上的托盘不稳，即将跌落，该怎么办？许多应聘者都答非所问，下岗工人答道：如果四周都是客人，我就要尽全力把托盘倾向自己。最后，这位下岗工人成功被聘用了。

亚历山大果断地剑砍绳结，说明他舍弃了传统的思维方式；孩子果断地舍弃脚趾，以短痛换取了生命；服务员果断地将即将倾倒的托盘投向自己，才保证了顾客的利益。在某个特定的时刻，你只有敢于舍弃，才有机会获取更长远的利益。即使遭受难以避免的挫折，你也要选择最佳的失败方式。

> 思考正确与否往往蕴含于取舍之间，因为不这样做，就要那样做，这是由一个人的思考力决定的。不少人看似素质很高，但他们因为难以舍弃眼前的一时嗜好，而忽视了更长远的目标。成功有时仅仅在于抓住了一两次被别人忽视了的机遇，而能否抓住机遇关键在于你是否能够在人生的道路上进行正确的思考和果敢的取舍。

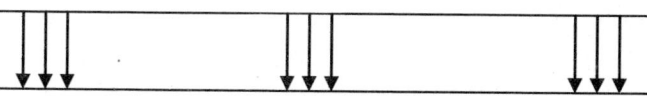

> 所有计划、目标和成就，都是思考的产物。你的思考能力，是你唯一能完全控制的东西，你可以以智慧或是以愚蠢的方式运用你的思想，但无论如何运用它，它都会显现出一定的力量。愿同学们不断总结正确的思考方法，为实现自己的远大理想铺平道路。

主持人：

"听君一席话，胜读十年书。"听了班主任的发言和同学们的学习方法介绍，我想大家一定受益匪浅吧！

正所谓"尺有所短，寸有所长"，让我们借鉴同学们的学习方法，结合自身的实际情况，取长补短，共同进步！

让我们共同向着美好的明天冲刺吧！我相信以我们的热情，我们一定会成功！让我们齐声高唱我们的班歌——《明天会更好》，祝愿我们的明天更美好！

（三）班会小结

"学习方法交流"是中学主题班会的主题之一，是极其重要而有意义的。一个班级中势必有学习讲方法、有效率的学生，不同的学生的优势科目也不尽相同。老师作为组织者和参与者起到了很好的沟通和调解的作用，更好地为学生学习生活服务，使大家勤交流、多学习，树立集体的信心和凝聚力。

第五章　文娱式主题班会

主题班会不必成为一种单纯的教育手段，也就是说，它不必总以一种面孔——教育人的面孔出现。生活本身是丰富多彩的，包括学习、工作、娱乐、消遣……甚至聊天。然而，我们许多青少年的校园生活是不健康、不和谐的。单一化的读书生活，可能会导致思维和情感的淡化，乃至人际关系的淡化，不利于学生的全面发展。

　　文娱式主题班会旨在调节学生过于紧张的生活节奏，松弛学生绷得太紧的大脑神经，丰富学生的课余生活。事实上，青少年对各种样式的文娱活动都表现出了极大的热情。我们常常可以发现，有那么一群女孩子，在她们沉甸甸的书包里总能找到一本字迹工整的流行歌曲手抄本。我们为何不选择一个周末，让她们一展歌喉，办一次流行歌曲演唱会呢？还有那么一群男孩子，他们下了课再也不愿埋头于做不完的作业中，总喜欢聚在一角说说笑笑，有几个还真有点儿幽默感，他们的话语总引人捧腹大笑，为何不让相声男孩一展风采？这方面的天地广阔无垠，一旦开掘，尽是学生所喜闻乐见的活动，如诗歌朗诵会、乐器演奏赛、小丑大会等。让学生从中感受到生活的丰富与美好，唤起他们拥抱生活的激情，这不也是教育永恒的主题吗？

　　文娱式主题班会不追求纯教育性，但教育性的要素总是被包含并渗透在任何活动内容之中。这里，我们强调的是让学生在学校生活中有尽情欢乐的机会，有忘掉读书、作业和考试的片刻。然后，再要求他们专心读书、认真迎考。

　　这样，师生之间才会找到共同的语言。张弛有度是生活艺术的真谛，教育工作难道可以例外吗？

举办文娱式主题班会，须注意寻找班集体课余生活的"热点"，倘若某班热衷于跳舞，你一定要搞诗歌朗诵会，那非砸锅不可。此外，班会应由学生来筹备，这对于培养他们的组织能力是一个很好的机会。从主题的确定、内容的设计、主持人的挑选，到准备道具、编写台词、美化环境，一切都让他们去操办。他们不仅乐意，还会表现出极大的热情。

一、说说咱们的服饰美

（一）班会背景

生活条件的普遍改善，使孩子们的穿着发生了很大的变化；日益增多的时尚文化，给孩子们带来了潜移默化的影响；多姿多彩的声色媒体，传授给了孩子们许多新的消费理念……现在甚至出现了这样一种现象：有很多的流行服装，它们竟然是先从孩子们身上开始流行的！

不仅如此，比穿名牌、着奇装异服，互相攀比的流行风，故作高深的扮酷风，在一些家庭条件较好的同学中间一浪高过一浪。很多学生注重外表形象的修饰，而忽略内心修养，讲究外表上的鲜艳夺目，忽略了内在人格魅力的培养，他们的穿着造成了一股不合身份和时宜的浮躁风气。我觉得这种局面对孩子的成长很不利，尤其是对家庭条件不好的学生不利，甚至有些条件差的学生在攀比的风气中丧失了个人的进取心，这是一种巨大的损失。于是我设计了这次主题班会，意在倡导一种务实、庄重、典雅的服饰观念，形成一种实在的、有利于所有学生成长的服饰氛围。

（二）班会目的

1. 提高学生对是非美丑的辨别能力。
2. 培养学生高雅的审美情趣。
3. 让学生的着装打扮大方得体、整洁美丽。

（三）班会准备

1. 分组排练小品、舞蹈等文娱节目。
2. 摄制生活纪实电视片《买安踏鞋》。
3. 搜集关于美的名言警句。
4. 每一个同学选取"如何看待中学生穿名牌"或"中学生要不要统一着装"中的任意一个主题，写好心得体会，并做好发言的准备。
5. 分组表演时装秀：校服、休闲装、中山装、西装、运动装。

（四）活动纪实

（上课铃声响起，全班同学热情高呼"服饰服饰，美的展示"。在激情飞扬的呼喊声中，两位主持人健步上场。）

主持人男：喂，老同学，出一个题目给你做，你敢吗？

主持人女：咳，你可别门缝里看人，哪道题难倒过我呀？

主持人男：那好，请听题。走在大街上，请你观察周围来去匆匆的行人，并谈谈他们的性格特征、兴趣爱好、从事的职业。

主持人女（愁眉苦脸的样子）：我怎么从没看到过这样的题啊？

主持人男：现在不敢吹牛了吧！这道题其实并不难，只要你细心观察，就能从他们的服饰上了解这一切。服饰往往代表着一个人的身份、地位、文化素养、审美情趣，把服饰称为文化是一点儿也不为过的。

主持人女：难怪刚才同学们一个劲儿地呼喊着"服饰服饰，美的展示"！

全体男同学：服饰是大众文化和民情的展示。

全体女同学：服饰是性格和情趣的体现。

全体男同学：佛要金装，人要衣装。

全体女同学：三分人才七分打扮。

（主持人一起做暂停的手势。）

主持人男：这才真算得上是不相上下啊！

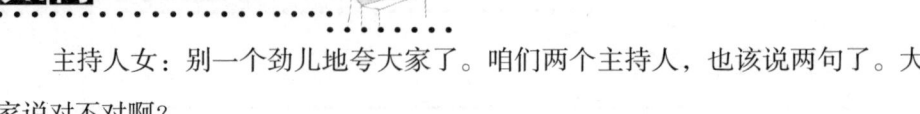

主持人女：别一个劲儿地夸大家了。咱们两个主持人，也该说两句了。大家说对不对啊？

（学生一齐答："对，对，对，对对对。"）

主持人男：美的服饰像春天的花朵，点缀着五彩的生活。

主持人女：美的服饰像动人的旋律，拨动着青春的心弦。

主持人合：让我们一起走进美的世界，奏响美的旋律，去明辨美，去发现美，去创造美吧！

1. 谈美的名言警句

主持人男：现在请大家把搜集好的关于美的名言警句拿出来。大家分成男女两个队，男队说一句，女队说一句。哪个队没有人说了，就算输了。

主持人女：我来补充一下规则，请大家注意，每个队发言的准备时间为5秒，超过5秒还没人说，就算输了。输了的队则要表演一个节目。大家说好不好？（学生齐喊"好"。）

主持人男：现在开始——

> 罗丹说过："美是到处都有的。对于我们的眼睛来说，不是缺少美，而是缺少发现。"（女队）
>
> 布瓦洛说过："只有真才美，只有真才可爱；虚假永远无聊乏味，令人生厌。"（男队）
>
> 契诃夫说过："品质高尚的人，永远是年轻美丽的，人的一切都应该是美丽的，面貌、衣裳、心灵、思想。"（女队）
>
> 列夫·托尔斯泰说："美在仪态万方，美在气度不凡。美不光是一种外在服饰美，更是一种文化。服饰的美在文化，人格的美也在文化。一个人的着装打扮、举止言谈，无处不显现出你的文化水准。"（男队）

第五章　文娱式主题班会

列夫·托尔斯泰还说过:"纯朴也是一种美,朴素是美的必要条件。"(女队)

达·芬奇说过:"你们不见美貌的青年穿戴过分反而折损了他们的美吗?你不见山村妇女,穿着朴实无华的衣服反而比盛装的妇女美得多吗?"(男队)

培根说过:"尽管有些青年拥有美貌,却由于缺乏优美的修养而不配得到赞美。"(女队)

泰戈尔说过:"你可以以外表的美来评论一朵花或一只蝴蝶,但你不能这样来评论一个人。"(男队)

主持人女:真是不相上下,棋逢对手。好,名言警句就讲到这里,男队第一,女队冠军,谁也没有输。惩罚节目,就免了吧。

主持人男:那不行,我也想说几句。美,无处不在;美,无时不有。

主持人女:这是谁说的名言啊?

主持人男:谁说的?难道你刚才没有听见吗?那是我们家鼎鼎有名的、全家都知道的、著名的——(停顿)我,说的。

主持人女:呵呵,在你家里那也称得上是"地球人都知道"了吧。(大家笑。)

主持人男:你不服气,你也可以说一句啊!

主持人女:好,我就说一句。我们需要芬芳迷人的内在的心灵美,我们也追求大方得体的服饰美。

主持人男:这是谁说的?怎么没有作者的名字?

主持人女:难道就准你创造,不准我创造吗?

主持人男:好,好,说得好。但是,有一个人,他比你创造得更出色。他要来给我们表演一个小品,你看怎么样?

主持人女:好,下面请欣赏小品《得体不得体》。

2. 小品表演：《得体不得体》

旁白：上初一的小明，今天穿了一件大红花衬衣，一条黑色的水桶裤，耳朵上还戴着两只耳环。

[场景一：学校教室里。]

[小明从教室前面的讲台上走过去，引起了一阵骚动。]

小明[仰起头，不满地走过]：起什么哄，老土，少见多怪。

同学甲：啊——大家快来欣赏啊，有个男生把他老妈的衣服穿来了。

小明：讨厌。

同学乙：世风日下，世风日下啊！

同学丙[模仿《哈姆雷特》里奥菲利亚叹息的样子]：我曾经在他得体的穿着中感受到前进的力量，而今，却看着他在堕落的深渊里一步步地滑落——我们真是最不幸的一个班的同学了。（大家笑。）

小明：哼，跟你们说也没有用。这叫艺术，这叫时尚，这叫性格，这叫酷。

[一群赞成者跟在小明身边。]

同学丁：对，小明，别理他们。一只凤凰和一群麻雀谈什么共同美啊！

同学戊：小明，你是我们的英雄，我就佩服你的敢作敢为。走自己的路，让别人去说吧！[鼓掌]明天我们也去买一套，潇洒走一回。

小明：多可怜的一群"落后分子"啊！简直比清朝政府还保守。他们真不应该穿西装，甚至还应该留着长辫子，那才好看哪！

同学丁：小明你真的好酷啊！还有两只大耳环！真是帅呆了，太酷了！我好美慕你。

同学戊[做崇拜状]：你简直就是我们班上的时尚偶像！

第五章 文娱式主题班会

〔其余同学则嗤之以鼻,不屑一顾地离开了。〕

〔小明哼着歌儿回家了。〕

〔场景二:家中。〕

小明妈:啊哟哟——我家小明怎么了?都穿成这样了,男不男,女不女的,快给我脱下!

小明:天塌下来了是不是?不就穿一件衣服吗?有什么大惊小怪的,真是老土。

小明妈:什么,我老土?

小明:这是今年最流行的,叫什么来着?对,就叫"前卫时尚"。

小明妈:简直像一个街头小混混。你快给我脱下,不然我就告诉你爸爸。

小明:家规上没有写不准穿衣服啊。

小明妈:你,你,你……

〔俩人正争吵着,小明爸爸推开门回来了,他在外边喝酒,喝醉了,趔趔趄趄着进门。看见小明,一把拉过来。〕

小明爸:孩子他妈……给……给我倒杯水……水来。我好渴。〔歪着眼睛看小明〕这是今年流行的打扮……打扮?你……啥时候……买了……买了这个衣服?怪……怪……怪难看的。

小明:你又喝醉了,我是小明。

小明爸〔突然一愣,酒醒了一大半,站直,立住身子〕:什么?你……小明?

小明妈:你看看,这就是你的宝贝儿子,还戴了两只耳环呢!你看看,有出息了,会给我们玩儿时尚了。

小明爸:穿成这样,我还以为你是你妈妈呢!男不男,女不女的。像什么样子,啊!

小明:你们不懂,就别说了。

小明爸〔顿时怒火上来了〕:就你懂得乱花钱,乱用钱,乱打扮啊!〔然后把小明往旁边一推,暴喝一声〕还不快给我脱掉!

65

〔小明狼狈而逃。〕

小明爸、小明妈〔追过去〕：快脱掉！

〔演员退场。〕

主持人男：谢谢小演员们的精彩表演。在我们的现实生活中，确实存在着这样的现象。中学生到底该如何着装？怎样穿戴才能算得上是具有服饰美？下面请男女两队同学畅所欲言。发言的顺序与第一轮的比赛一样。好，请那位举手的女同学先说。请男同学做好准备。

3. 学生讨论怎样着装才算得体

如何得体

女生1：我认为学生着装要大方得体，就必须符合学生的年龄特点。一味地模仿他人，赶时髦、赶潮流，有时反而会损害自己的美好形象。

男生1：我认为小明在服饰上追求美，并没有什么错。爱美之心，人皆有之。但他错就错在没主见，看别人怎么穿自己就怎么穿，而不管自己穿了后是不是很美。

女生2：小明那样穿，主要是崇拜球星马拉多纳，因此也像马拉多纳一样戴了两只耳环。其实，我们喜欢一个人，不应该单纯地去模仿他的外表，更应该学习他积极进取的精神。

男生2：我认为学生不能够盲目地跟着时尚走，否则就可能迷失自己。像小明，本来是在校的学生，但是他这样的打扮，正如他妈妈所说，倒像街头的小混混了。

女生3：我想得体的打扮应该是符合大众的审美情趣的，而不是孤芳自赏。违背了大家的审美观点，你穿得再好看，也不能够引起大家的赞美。像小明的这种打扮，就不符合大众的审美情趣。所以，赞同的是少数，在学校里、在家里都不受欢迎。他这次的打扮，可以说是不得体的。

男生3：其实我觉得我们穿中学生的校服就很得体、大方、整齐、好看，这样也是穿着得体的一种方式啊！

第五章 文娱式主题班会

主持人女：道理真是越辩越明。中学生穿着打扮确实要大方得体，要符合中学生的年龄特点，这样才能展示我们中学生朝气蓬勃的精神面貌。那么大家还记得《学生日常行为规范》中关于服饰要求的那一条吗？

（全班一齐回答：记得。）

主持人男：好，那么大家一起来朗诵一遍吧！

4. 重温《学生日常行为规范》

穿戴整洁，朴素大方，男女生不染发、不烫发、不戴首饰，男生不许留长发，女生不穿高跟鞋。（全班学生）

主持人女：同学们都很清楚学生的着装要求。现在让我们来进行一个有趣而轻松的活动——判断美不美。请大家针对一些服饰现象，做一个关于美和丑的判断题。好不好？

5. 关于服饰美丑的判断

主持人男：男同学留长发，美不美？
学生一齐答：不美。
女同学留长指甲，美不美？
学生一齐答：不美。
主持人女：衣着朴素但整洁，美不美？
学生一齐答：美。
主持人女：穿着拖鞋进教室，美不美？
学生一齐答：不美。
主持人男：穿着裙子上体育课，美不美？
学生一齐答：不美。
主持人男：穿着整洁的校服，美不美？
学生一齐答：美。

> 主持人女：男同学戴耳环，美不美？
> 学生一齐答：不美。
> 主持人女：女同学浓妆艳抹，美不美？
> 学生一齐答：不美。
> 主持人男：头发整整齐齐，衣服干干净净，美不美？
> 学生一齐答：美。
> 主持人男：运动场上，穿着合身的运动服，美不美？
> 学生一齐答：美。

主持人女：鸟美在羽毛，人美在心灵。

主持人男：美的心灵是世界上最美丽的花朵。

主持人合：我们在追求服饰美的同时，更要追求心灵美和外表美的统一。

主持人女：下面请欣赏电视纪实片《买安踏鞋》。

6. 电视纪实片：《买安踏鞋》

李美丽在放学回家的路上，遇到了原来小学的好友罗芳。罗芳穿了一双很漂亮的新鞋子。她告诉李美丽说是在专卖店花了180块钱买的，鞋的牌子是国际名牌——安踏。李美丽回家后，已经下岗的妈妈高兴地告诉她，今天下午花了50块钱给她买了一双黑皮鞋。李美丽很不高兴，哭着闹着要妈妈给她买一双与罗芳一样的鞋子，还说："你让我穿那样的垃圾货，同学们会瞧不起我的，我会抬不起头的。"

主持人女：同学们看了刚才的电视纪实片，都有所思、有所想。现在，请大家实话实说，你是怎样看待中学生穿名牌的？

7. 实话实说：如何看待中学生穿名牌

同学1：我认为李美丽的做法是不对的。她妈妈才给她买了一双新鞋子，她却坚持要买另外一双。这样不就造成不必要的浪费了吗？并且，她妈妈已经下岗了，买一双180元的鞋子，我想她会承受不起的。如果李美丽买鞋子要名牌，那么买其他的东西就都会要名牌了。

同学2：穿名牌的感觉确实很爽，但找感觉也要考虑自己的家庭经济状况啊！中学生本来就是典型的"无产阶级"。爸爸、妈妈肩头的担子不轻啊。我认为中学生不要一味地去追求名牌，这样会助长我们的虚荣心，还是实在一点儿好，朴素一点儿好。

同学3：一个人并非只有外表美，以为穿着华丽就是一种漂亮、一种时髦是错误的，人更重要的是内在美，作为一个中学生，更应当讲究才华、气质、品位这些内在的品质美，而不应盲目地追求名牌。

同学4：前几天，我看到这样一则消息：现在，传媒日益火爆，服装杂志数不胜数，有40%的中学生表示，有时间会去看。虽然有的仅仅是喜欢其中的一些华丽照片，但不可忽视的是，这些华丽照片会给中学生带来多方面的影响。中学生很可能仿照照片穿出奇装异服。不过，有30%的中学生认为"名牌热"应降温。这是对的，但降温的方法是值得考虑的。

同学5：我认为，中学生追求名牌的现象，与自身成长发展需要也有一定联系。处于这一时期的学生，接受能力强，喜欢快节奏，喜欢刺激，不喜欢平淡。这一时期中学生蠢蠢欲动的心理现象较严重，看到穿着好、外貌好的异性，便会产生羡慕感甚至爱慕感。于是一些中学生便在怎样穿得好看、引起异性注意上下功夫。这样"名牌热"便在中学生中流行开了。

同学6：有些同学认为穿着新潮、追求名牌就是潇洒，甚至在行为举止之中也显示出攀比、追求高消费的趋势来。这是由于我们对攀比、潇洒的认识只停留于表面，未能从实质上看问题。试问一下我的朋友们，当你一无所长地叹息于各类竞赛，当你捧着不及格的考卷深感无以回报自己的父母时，你还潇洒得起来吗？作为中学生，追求的应是内在的思想上的进步、身体上的实实在在的成长、学业上的进步和发展。一味地在服装打扮甚至玩乐中攀比，会使我们过多分散精力，耽误学习，对我们的现在和将来都有较大负面影响。（学生热烈地鼓掌。）

同学7：我觉得现在的孩子大多是独生子女，都是家中的"小皇帝""小公主"。我们大多都是在称赞声中长大的。骨子里多数都有一股的蛮劲儿。家长过分地溺爱孩子，无疑助长了孩子的虚荣心和攀比心理。当然，有的同学会说："我家有条件，钱是我的，我爱怎么花就怎么花，你管得着吗？"我当然不反对在自己家庭条件允许的范围内去提高自己的生活水平。可是对于大多数家庭而言，能允许我们花几百块钱甚至几千块钱去买名牌鞋、名牌衣吗？再想一想，我们的父母辛辛苦苦赚钱容易吗？我们如此奢侈地花掉父母的辛苦钱，对得起自己的父母吗？对得起自己的良心吗？（学生热烈地鼓掌。）

同学8：我有一个不成熟的意见，说出来，大家千万别笑话我。我认为盲目追求名牌是一种不爱国的表现。因为有很多名牌来自国外。随着改革开放政策的实行，许多"洋货"不断地充斥着我国的市场。如果我们大家都去买"洋货"，而且我们中学生都呼啦啦地一哄而上，对国产产品则不屑一顾，那将会使大量货币外流。其最后的结局是国内经济因此一蹶不振，民族产品市场萎缩，最终将会导致经济萧条。所以我说盲目追求名牌是一种极不爱国的表现。我想问，昨天还为世界杯中的中国队卖力加油的中学生朋友们，你们愿意当骄奢淫逸的人吗？愿意当不爱国的人吗？如果不愿意的话，那就请站到拍案反对者行列中来，一同来阻止这股歪风邪气继续在中学生中蔓延，使"名牌热、崇洋热"在中学生中无处容身，直到销声匿迹！

> 作为一个学生，其个人价值在于勇敢、向上、勤奋，在于他活跃的思想以及具有的较高的发展潜力，在于他的独立性。这样的学生充满自信，无论是否穿戴名牌，都不影响他们的个人魅力。

相 ⇅ 反

> 相反，如果一个学生只能靠外在名牌来支撑自己的"价值"和"地位"的话，说明这个学生已经毫无自信可言了，他已经穷得只剩下"名牌"了。还有，对于一个依靠父母生活的孩子来说，对自己最好的证明是内在不断增长的才能和潜力，而不是外在的名牌及其他。一切外在的东西都是他人提供的，不是自己的。如果感觉到只有名牌才能证明自己，那么，这种时候，青少年最需要的恰恰不是名牌，而是对自己生活的深刻反省了。

（学生热烈的掌声经久不息。）

同学9：其实我们在刻意追求名牌的时候，就已经失去了自我，被名牌无情地淹没了。校园中流行的大桶裤，并不是每个人都穿着适合。试想一个身高1.80米，瘦得像一根豆芽菜一样的中学生，穿上以后是一个什么样子？即使合适、能穿，如果家庭经济条件不能承受，那也是另一种不适合。中学生不必用大桶裤、一身名牌来证明自己的价值，更不应该为了求得这种证明来降低自己父母的生活质量。

同学10：一个中学生满身名牌、穿戴时髦所显示的并不是这个中学生的个人价值，而是虚荣和不合时宜。

主持人男：精彩，确实精彩！请问这些东西都是你自己想的吗？

同学10：是的。我喜欢想深入一点儿。

主持人男：简直是一个伟大的思想家，分析深刻透彻，一针见血！好，我们为大家的精彩发言，给予热烈的掌声！（带头鼓掌。）

主持人女：谢谢大家精彩的发言，谢谢啦！确实，人是因为可爱才美丽，而不是因为美丽才可爱的。人并不是因为穿了名牌而身价百倍，而是因为有了才学而受人尊敬。服饰美只有在心灵美的折射下才能发出同等的光辉。我们在追求服饰美的同时，更要加强自身的道德品质修养，陶冶情操，追求外表美与心灵美的高度统一。

主持人男：让我们做美的使者，穿出你的个性，穿出你的气质，穿出美的精神来！下面请欣赏大家自排自演的大型时装表演。

8. 学生时装表演

（放背景音乐《我热恋的故乡》。）

第一组出场的是4个女生、4个男生，穿着整齐统一的校服，尽显学生的积极、蓬勃、进取的精神状态。

第二组出场的是4个男生，穿着端庄严肃的西装，显出男生的力量和风度。

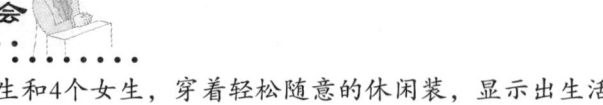

第三组出场的是4个男生和4个女生,穿着轻松随意的休闲装,显示出生活的热情、活跃和自然真实。

第四组出场的是2个男生,穿着庄重朴实的中山装,显示出稳重和大方。

第五组出场的是4个男生和4个女生,穿着干净利索的运动装,展示着学生的进取和朝气。

主持人女:让我们以热烈的掌声感谢演员们的出色表演。

主持人男:让我们再次以热烈的掌声欢送这些同学,因为他们已经告诉我们,该怎样穿出我们中学生的服饰美。谢谢你们!

主持人女:现在,追求名牌我们已辨析得非常清楚了。可我的脑海里又出现了另外一个大问题……

主持人男:什么问题呀?快说出来吧,大家好为你出谋划策呀。

主持人女:好吧。大家告诉我,中学生要不要统一服装呢?

主持人男(故作苦闷状):这也是个值得讨论的问题。我们把发言权交给大家吧。请同学们畅所欲言,仁者见仁,智者见智吧。

9.讨论:学生要不要统一服装

(一般发言略,只展示精选发言片段。)

同学1:我觉得统一着装没必要。第一,每个同学爱好的颜色、喜欢的款式与面料等都是不一样的,统一服装就会委屈自己的审美情趣,打击穿着的积极性。第二,每个同学的家庭经济条件也是不一样的,统一服装就让那些家庭条件好的学生投资浪费,让家庭负担重的同学感到很为难,我们学校不是有好几次要为那些穿不起校服的学生捐款吗?他们穿自己原来的服装可以啊,何必增加别人的家庭负担呢?第三,最重要的一点,就是统一着装不能穿出我们独特的个性呀,我们现在是自由发展的,在审美上、穿着上,都应该有自己的特色。也只有这样,才能够让我们的个性自由发展。

同学2:我认为统一着装好。一是省得我们去选择款式什么的,尤其是我

第五章 文娱式主题班会

们男生,不喜欢逛街。二是,省钱。集体买衣服肯定便宜,不要我们去做穷酸相,与个体老板讨价还价了。三是,可以省下时间多读书。

主持人女:真是公说公有理,婆说婆有理。谁对谁错啊?

主持人男:其实,也无所谓谁对谁错。告诉你吧,他们两个人都对了。什么问题都是相对的,没有绝对的。不过,我这里摘录了一些观点,大家想听吗?(学生答:想。)

主持人男:那就让我来念给大家听吧!

学生统一着装有如下一些好处
- 可以减少同学们之间相互攀比的心理,使同学们不因服装好坏而分心思。
- 因为学生校服价格比较便宜,家庭困难的学生不会因为自己买不起较贵的衣服而苦恼,也不会因为自己的衣服不如别人而自卑。
- 统一着装有利于学校的管理。收发人员、学校其他管理人员,只凭服装就可以辨认哪些人是本校的学生,哪些人是外来的。
- 统一着装能促进学生自我约束。由于穿着学生服装,别人一看就知道他是学生,他自己也要注意约束自己的言行,而不能像社会上的闲散人员那样放任自己。
- 统一着装有利于养成学生艰苦朴素的作风。
- 学生主要关注的是外在的美。哪个同学穿着打扮比较出众,比较时髦,就容易吸引异性的目光,也就容易诱发早恋。有经验的老师和家长,即使有钱也不让自己的学生或者孩子穿戴太显眼。这是防止早恋的有效办法。统一着装,自然就避免了这种服饰效应。
- 淡泊明志,宁静致远。大家统一着装,谁也不在穿着打扮上费神,就可以一心一意地投入学习。
- 有些中国人有以貌取人的倾向。如果不统一着装,必然有人穿得好一些,而有的人穿得差一些。穿上"黄马褂"的就可能以为自己高人一等,这必然导致校园文化中出现一种不健康的倾向——以服饰论等级。

73

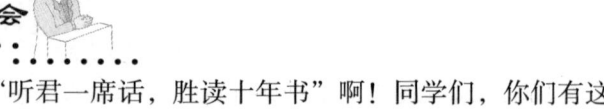

主持人女：哎，真是"听君一席话，胜读十年书"啊！同学们，你们有这种感慨吗？

主持人男：你大概做梦都没想到吧？我们的服饰其实是大有学问啊！

〔一位女生冲到主持人中间，手里拿着一张纸条。〕

主持人女：小园，你这是干什么呀？

彭园：哎呀，突然袭击啦，真对不起。是这样的，得知这次班会要召开的时候，我们那一组的男生说，一定要我们女生教给他们衣服除污的方法。因为那次我不小心把墨水喷洒到了前排王超的衣服背面，很不好意思，他到现在还没洗掉。后来问他，洗衣服的时候怎么不把那墨水印洗去，他说他不知道怎么洗。好吧，这个就交给你们两位啦。（小园走了下来。）

主持人女：啊，是服饰除污小窍门啊！好，我给大家念一下。

10. 服饰除污小窍门介绍

★洗白色或者浅色衬衣的时候，先在衣领、袖口等地方喷洒一些衣领清洁剂，在水中浸泡20分钟之后再洗。

★色料、颜料等有机物质沾染在衣服上时，不要马上硬擦，那样会使它们陷进衣服的料子里头去，进入到纤维里就难以洗干净了。要用有机溶剂如清洁剂、洗洁精等东西浸泡，然后在水中漂洗，适当搓揉。

★如果沾染了油迹，面积不大，暂时没有水洗，可以用汽油、酒精等挥发物质擦拭，反复多次就可以除净。

★钢笔水多属于无机色料，在没有干之前用水洗，用肥皂等就可以了。越早越好，如果暂时没有什么肥皂，也可以用清水清洗一次。如果沾染了圆珠笔的笔水——里面多半是有机色料，就要用第二种方法洗。

★衣服要经常换洗，不要等很久了才换洗，那样污垢就不容易洗干净了。

★脱下不穿的衣服应该要趁早洗，不要收集在一起，那样脏东西干了既不容易洗，也容易滋生细菌，不利于健康。

主持人男：谢谢细心的小园同学，谢谢。

第五章 文娱式主题班会

主持人女：最后请欣赏大合唱《祝福你，我的祖国》。

合唱：《祝福你，我的祖国》

班会在歌声中结束。

（五）班会小结

> 班会的成功在于达到预期的目的，此次班会即达到了以下的教育意义：
> ☆一是让学生们受到了美的熏陶，陶冶了他们美的情操。
> ☆二是培养了学生正确的审美观，让他们认识到了真正的美是什么。
> ☆三是告诉了学生如何正确着装。

二、让自信闪亮登场

自信心很重要，它是一个人生活状态的集中体现，也是一个人实现理想和抱负的精神支柱。良好的自信心可以促使一个人取得各方面的成功，展示他各方面的人格魅力。所以，我们常常说，一个自信的人是一个充满人格魅力的人。

但是，自信心也最容易动摇，尤其是刚刚升入初中的中学生，他们的心理还很脆弱，暂时的挫折可能影响他们的自信心。一次期中考试后对学生进行自卑心理调查，发现有50%以上的学生因成绩达不到所期望的要求而产生了消极的心态，有63%的学生能够认识到自卑对个人的成长有一定的负面影响，但是不知道如何控制它，当他们感到自卑的时候，有点儿茫然不知所措。因此，通过一次主题班会活动，让学生认识到自卑的危害性及增强自信的重要性是很有必要的；还要帮助学生学会客观评价自己，学会建立自信的方法，依靠自身的潜力去战胜困难，迎接生活中的各种挑战。

（一）班会目的

◆让学生认识到自信心的重要性，掌握建立自信的方法，克服自卑的心理。
◆使学生懂得，只有通过自己的努力，才能取得成功。
◆让学生在活动中感受到成功的喜悦。

（二）班会准备

▲分组排练好歌舞等文娱节目。
▲▲搜集张海迪等名人战胜挫折与自卑的故事。
▲▲▲准备好游戏的材料。

（三）活动纪实

主持人男：让自信闪亮登场，就是不迷失自己，不扭曲自我，就是让自己的个性得以充分展示。

主持人女：让自信闪亮登场，就是要我们打破封闭，消除自卑，就是要我们张扬自己的个性，显现我们鲜明独立的人格魅力！

主持人合：现在，我们×班的主题班会"让自信闪亮登场"正式开始！

主持人男：德国哲学家莱布尼茨留给后人一句永恒的箴言——

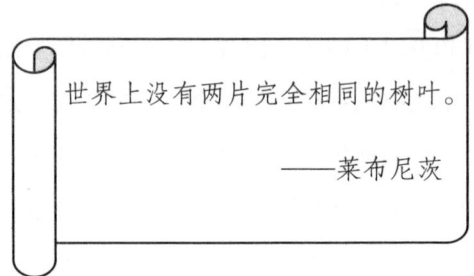

世界上没有两片完全相同的树叶。
——莱布尼茨

每个人都是这个精彩世界的一个部分！

主持人女：我国古代伟大的诗人李白也曾说——

天生我材必有用。
——李白

既然上天让我们来到这个世界上，我们就要让生命产生最美丽的光华！

第五章 文娱式主题班会

主持人男：是啊！这些古老的话题，是我们相信自己的一个很好的理论依据。

主持人女：同学们，既然上天赋予了我们一次生命，我们就有责任使它最大限度地放射光华。

主持人男：请不要将你的心智和双手闲置起来！请用你丰富的天性和宝贵的年华构建健康、自信、美丽的人生！

主持人女：我们有足够的理由自信，我们每一个人都是这个世界的唯一，没有人能重复我们的思维、我们的足迹、我们的情感。

主持人合：让自信闪亮登场！把这份独特奉献给世界，你将收获世间最美丽的风景！

主持人男：同学们，扪心自问，你感觉到很自信吗？请觉得自己很自信的同学举手。（数一下，不太多。）

主持人女：别着急，我来出题你来答，看看你是否真的缺乏自信。下面就请同学们对着下面的测试题自我评价一下，也许是我们身在自信中却不知自信呢。

1. 自信心理测试

主持人女：好，我现在宣读测试题目，同学们仔细听，然后根据自己的实际情况，给自己记分。记分的规则是，对下面的问题，如果你的答案是否定的，就记0分；如果你的答案是肯定的，就记1分。现在开始。

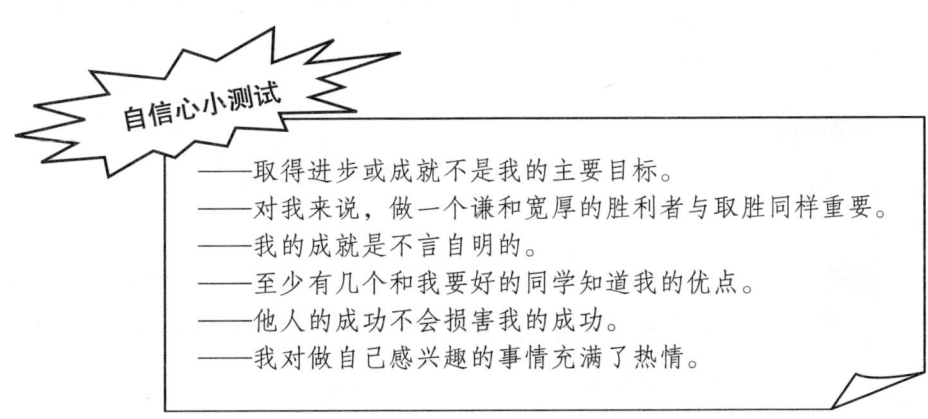

自信心小测试

——取得进步或成就不是我的主要目标。
——对我来说，做一个谦和宽厚的胜利者与取胜同样重要。
——我的成就是不言自明的。
——至少有几个和我要好的同学知道我的优点。
——他人的成功不会损害我的成功。
——我对做自己感兴趣的事情充满了热情。

续表

> ——我所做的事情本身蕴含着价值,我并不是为了奖赏而努力。
> ——我有自己独特的、其他任何人不具备的优点。
> ——失败不能影响我的真正价值。
> ——我对自己的评价不受别人的观点左右。
> ——我相信我有应付困难的能力。
> ——我很少有消极的想法。
> ——我正在尽可能地充分利用我的才干与能力。
> ——有很多事情我都在积极主动地做。
> ——完成一项作业并不是一件很难的事情。
> ——目前的课程我基本上能够听懂。
> ——我在同学面前讲话并不是很害羞。
> ——我能够比较大胆地回答老师的提问。
> ——我能够比较自然地去问老师一个问题。
> ——对别人的成功我并不感到嫉妒和烦恼,我有自己的快乐和追求。

主持人女:同学们都记完分了吗?好,我来宣布一下判断标准。如果你的分数在10分以下,说明你的自信度低,易嫉妒他人;如果你的得分在10分以上,说明你已经基本上拥有了自信;如果你刚才的得分在15分以上,则说明你拥有了足够的自信。

主持人男:现在,请拥有自信的同学举手!(大部分都举手了。)请大家用热烈的掌声鼓励自己!

主持人女:你可知道自信的表现?在学习和生活中,你做到自信了吗?请欣赏小品《谁是自信者》。

2. 小品表演:《谁是自信者》

画外音:班上举行文艺晚会,他们是我们班上最能歌善舞的同学,我作为文娱委员,当然要请他们在晚会上表演一两个节目啦。

第五章 文娱式主题班会

文：小A，你这么能歌善舞，能在晚会上为我们表演一个节目吗？

A［很小心、很难为情地］：哎哟，我这歌喉和舞姿哪能见人呢？我求求你不要叫我出丑啦。

文：班上的同学都很喜欢你的歌舞呢。

A：这是他们抬举我罢了，我哪有那么好的才能，而且我也没有这个胆量，你还是放过我吧。

文：那我也不勉强你了。小B，你的歌舞也很出众，你愿意为我们表演吗？

B［坦率自然地］：哎，谢谢你的称赞。有机会让我在班上表演我当然乐意啦，而且这也是作为班集体一份子的责任。我会尽力而为的！先让我们去选择一下表演内容，好吗？

文：谢谢你的支持。［转头问C］小C，你愿意参加表演吗？

C：小菜一碟啦！［昂首］表演是我的强项，班上我如果是第二，还有人敢认第一吗？［内心沾沾自喜］表演当然是非我莫属啦！［指着B］不过他和我同台表演似乎不太相配吧？

（全剧终。）

主持人男：表演中的A、B、C分别是什么心理表现？我们大家来说一说！

（学生议论纷纷。）

主持人女：A是典型的自卑心理，B是充实的自信心理，C是盲目的自大心理。

主持人合：自卑的人常常过低地评价自己，看不到自己的优点。自大的人喜欢过高地评价自己，看不到自己的缺点。只有自信的人才能够恰当地评价自己的优缺点，积极地做事。

主持人男：其实我们同学中自信的人很多，他们常常能够感觉到生活的快乐，并且张扬着这种快乐。下面，请欣赏歌舞《我们的生活充满阳光》。

3. 歌舞：《我们的生活充满阳光》

主持人男：俗话说："尺有所短，寸有所长。"当我们羡慕别人的同时，也应该意识到自己的优点，应该明白每个人在世间都有自己的位置，也有别人无法企及的优越之处。

主持人女：是啊！他人的位置固然美妙，而自己的位置也是其他任何人都无法替代的呀！我们每个人都有自己的特点啊！让自信闪亮登场，这是你最明智的选择。

主持人男：朋友，生于宇宙间，存于天地中，你不比别人多多少，也不比别人少多少。

主持人女：同顶炎炎烈日，同沐皎皎月光，生命的天平在同一水平线上。

主持人男：朋友，别人的风景固然旖旎，自己的风景又何尝不美丽呢？请留心自己吧，你就是一道独特的风景！我们班上，有才华的同学有很多，不信，让我们来看看他们精彩的才艺表演。

主持人合：下面，请大家尽情地欣赏我们班同学的才艺表演。

4. 学生才艺表演

主持人男：首先请欣赏笛子独奏《苗家的早晨》。（学生表演。）

主持人女：请欣赏武术表演《超级拳棍刀棒枪》。（学生表演。）

主持人男：请欣赏孔雀舞《月光下的凤尾竹》。（学生表演。）

主持人女：请欣赏女生独唱《青藏高原》。（学生表演。）

主持人男：请大家欣赏诗歌朗诵《我拥有一片蓝天》。（学生表演。）

主持人女：请大家欣赏我们班的小画家的精彩作品。（展示作品。）

主持人男：那优美的旋律，那动人的舞姿，展现出我们朝气蓬勃的青春！我们骄傲，我们自豪，因为我们正值青春年少！

第五章 文娱式主题班会

主持人女：青春是我们不尽的财富，青春是我们成长的动力！青春让我们拥有了阳光和鲜花。青春，因我们的自信而美丽！青春，因我们的自信而飞扬！

主持人男：欣赏了同学们的才艺表演，很多同学都跃跃欲试了。好，下面请大家欣赏小品《考试前后》。

5. 小品表演：《考试前后》

[考场中，大家都在聚精会神地答题，只有张红东看看，西瞧瞧。]

张红[嘴里不停地念叨着]：这太难了，怎么做啊？

张红：老师也专门和我过不去，尽出一些判断、选择的，让我一个字也写不出，这可怎么办呢？

张红[忽然灵机一动]：嘿，有了！[从裤兜里掏出一枚硬币]我会做了，如果正面朝上，我就打√；如果反面朝上，我就打×。不会错的，上天一定会帮助我的。

[于是张红一边掷硬币一边做题，十道判断题一下子就做完了。]

[开始做选择题了。]

张红[又傻了]：每道题有四个答案，这可怎么办呢？[痛苦地抓着脑袋]有了，真是天助我也！[张红跳起来，他又从裤兜里掏出一粒骰子]我扔骰子，出现什么号码我就填什么！

张红[一边掷，一边写]：2，1，4，6……哈哈，终于做完了！

[张红得意地向同学们做着鬼脸，走上讲台，把试卷交给了老师。]

[下午放学，张红带着试卷回家。他推开门，爸爸正坐在沙发上吃苹果。]

爸爸：张红，考得怎样？

张红[顺口说着]：爸，12。

爸爸：82？不错，不错，你真是个好孩子。快，宝贝，把试卷给爸爸看看。

［张红慢腾腾地从书包里拿出试卷递给了爸爸。］

爸爸：什么？才12分？这是怎么回事，你刚才不是说82分吗？

张红［慢慢地］：我刚才是说12。

爸爸［气得把试卷翻来翻去］：你看这道选择题明明只有四个答案，你为什么选6呢？

张红：可是我掷骰子出现的是6嘛。

爸爸：什么，你靠掷骰子做题？你怎么这样没有自信呢？宁可相信骰子也不肯相信自己，真是气死我了！看我不打死你！

［爸爸满屋追着张红跑，张红狼狈而逃。父子俩退场。］

（全剧终。）

主持人女：是啊，当生活中我们没有了自信，那是多么恐怖的事情啊！瞧瞧小品中的张红，把自信丢失了是多么可怜的人啊！

主持人男：没有自信的人，就会什么也干不了。人一旦失去了自信，人生将变得无比黑暗。

主持人女：下面请听配乐朗诵《假如我没有信心》，让我们体验一下一个痛苦的灵魂对自信的强烈呼唤吧！

6. 配乐朗诵：《假如我没有信心》

我本是一个有信心，有追求的人……

突然有一天，我发现，信心对我来说，成了一种累赘。我有信心，看到谁比我好，我都要赶上去，无论有多少困难。可是，山外有山，人外有人，当我日复一日地追赶的时候，目标还是那么可望而不可即……

终于，有一天，我找到了根源——我为什么要有信心？当我没有信心的时候，我还会有这些负担吗？于是，我将信心抛开，独立生存……

我现在没有信心，没有追求，不思进取。当困难来到我面前时，我只需说一句"我不行，我没有信心"，便可若无其事地走开。于是，我一日一日地活

第五章 文娱式主题班会

着，困难来了，我便躲躲闪闪，因为，我没有信心去克服它。没有了信心，便没有了克服困难的苦恼。

可是，有一天，我突然发现，我没了苦恼，也失去了快乐。我没有了面临困难时的苦恼，也失去了战胜困难时的快乐，生活清淡如水。这时，我才发现，没有苦恼，就是一种苦恼。我整日在没有喜怒哀乐的环境中生存，当我意识到这是一种自找的累赘时，却为时已晚。没有信心，我便陷入了进退维谷的境地：想找回自信，又没有信心；想安于现状，却又受到精神上的折磨。

这时，一位智者出现了，对我说：

> "孩子，找回自信吧！人没有信心是无法存在于世界上的。人的一生，活着是为什么？不就是要奋斗吗？奋斗就需要信心，没有信心、把'我不行'当作口头禅的人如何生活？如何奋斗？没有奋斗的一生又有何意义？"

于是，在智者的指引下，我找回了自信。

我已经脱离了进退维谷的境地，我选择了"进"，我相信，我有能力做好每一件事，我有能力克服每一个困难。

于是，当困难来临时，我已不是懦夫，我可以信心百倍地说："我能行！"时间一天天地过去了，先前的那种负担没有了，取而代之的是一种快乐……我在克服困难中找到了快乐。世上无难事，只怕有心人。只要有信心，没有什么是做不到的。

主持人男：听了这篇散文，我想很多同学肯定会心有所动，肯定也有同学会说"说来容易做来难啊"。是的，信心这东西容易丢失。当一个人没有进取心的时候，甘愿碌碌无为的时候，信心也就在他身上失去了。而一旦失去了信心，等待他的将是更深的痛苦。

主持人女：生活是大海，我们每个人都在大海中游泳，自卑的懦弱者受不了风浪的打击，便沉到了海底，自信的坚强者则会奋勇搏击，直到成功的彼岸。

主持人男：太阳自信地亮出自己，给万物带来了光明，因而被万物敬仰。

主持人女：母亲自信地亮出自己，创造了生命，因而受世人崇敬。

主持人男：贝多芬自信地亮出自己，他的精神随《命运交响曲》而不朽。

主持人女：罗丹自信地亮出自己，他的思想在《思想者》中永恒。

主持人合：朋友，请与自信紧紧地握手！握住我们亮丽的人生！

主持人男："天生我材必有用"，这就是说每个人都会有他特有的优点、特长，关键是自己能否认识到，并且把它们发挥出来。

主持人女：那么，该如何认识自己身上存在的优点呢？

主持人男：现在我们来做一个"填写优点清单"的游戏。这个游戏教大家学会从多方位评价自己，把自己各方面的优点、长处一一罗列出来。现在我们来给大家发放表格。同学们接到表格之后，请对照表格，具体详细地写出自己在"学习能力""交际能力""文娱才能""体育强项""性格优势""动手能力"和其他方面存在的优点和长处。比一比，看谁写得又快又多。

7. 填写优点清单

（学生列出优点清单。主持人慷慨激昂地当场宣读。）

主持人男：哇，不说不知道，一说吓一跳。原来，自己是那么可爱，那么优秀啊！好，请大家把自己的优点大声地朗读两遍，开始！

主持人女：太棒了！我真行！是呀，当我们知道自己有这么多优点的时候，自信心自然会来叩响心门！现在，大家问问自己，此时的信心比刚上课的时候增强一些了吗？请信心增强了的同学举手！（所有的学生都举起了手。）

主持人男：我们是集体中的一员，我们有着很多的好朋友。那么，别人的赞扬和欣赏对我们的信心有何影响呢？下面请同学们来做另外一个有趣的游戏——"优点轰炸"。

8. 游戏："优点轰炸"

主持人女：我来说明一下游戏的要求——

优点轰炸

第一步，请同学们按照自愿的原则组成小组，每组四人。

第二步，确定一个同学为"被轰炸对象"，其他三个同学轮流说出他的优点、能力和特长，直到四人均被"轰炸"过为止。

第三步，根据各自表格中所列的优点，给每位同学指出优点。

主持人男：现在，我们两个主持人先示范。同学们推选出一位同学作为"轰炸对象"。

主持人女：好，请你作为"被轰炸者"站在同学们中间。现在，我建议，先由同组成员轮流说出他的至少一个优点和长处，再请班上其他同学来补充说出他的优点和长处，好吗？（学生齐声说"好"。）

（然后学生逐一讲述该生优点。在讲述的过程中，该学生简直不敢相信自己在同学们眼中还有那么多的优点。但是同学们的诚恳让他不得不相信，这些优点确实是自己的。他有点儿羞涩地笑了。）

主持人女：刚才他们指出你的优点和长处，有哪些是你原来所不知道的？

学生：有很多我都不知道，开始我以为他们只是在骗我。后来很多同学还能够根据事实说出来，我就相信了。

主持人女：现在，你觉得自己的自信心在慢慢增长吗？

学生：是的，我现在觉得自己并不是一无是处，我还有很多的长处，我以前真是太傻了，总看不到自己的优点。我要更加努力，来回报大家的喜爱。谢谢大家。

主持人女：好，谢谢这位同学，谢谢他勇敢的表现。让我们以热烈的掌声，向他表示感谢。

主持人男：现在，请同学们按照刚才的办法，进行组内"优点轰炸"，时间××分钟。现在开始！

主持人女：别人对我们的赞赏能增强我们的信心，并使我们更进一步认识到自己的优点和能力。同学们，现在你把自信紧握在手里了吗？

主持人男：让我们一起朗诵《我能行》。

9. 学生齐诵歌谣：《我能行》

相信自己行，才会我能行；别人说我行，努力才能行；你在这点行，我在那点行。

今天若不行，明天争取行；能正视不行，也是我能行；不但自己行，帮助别人行。

互相支持行，合作大家行；争取全面行，创造才最行。

主持人女：你行不行？我们来比一比。下面我们来进行一个"速记电话号码"的比赛。好不好？

10. 比赛：速记电话号码

主持人男：我来讲一下比赛规则。我们给每个小组的同学出示一组电话号码，一共是10个，1分钟之后，看哪个小组能准确地把电话号码背出来。逐组进行，哪一组背得最多，哪一组获胜。

主持人女：比赛共进行两次，第一次不给任何提示，让同学们使劲背。第二次提示同学们可以先分好任务，想出好主意（如谐音记忆）再进行比赛。好不好？

主持人男：现在开始。

第五章 文娱式主题班会

（学生记忆电话号码比赛，具体内容略。电话号码可随便编造，也可以根据同学家中的电话号码实际运用。）

主持人男：天下无难事，只怕有心人！这么多的电话号码，大家都能够一一记住，说明我们大家真的不错。

主持人女：是啊，只要功夫深，铁杵磨成针！只要我们自信，什么事情都能办成。现在，请同学们积极上台来讲述自己对信心的认识，好不好？

主持人男：既然是自信者，我们就不用点名了，谁走上来，谁就是充满信心的人。我们掌声欢迎这些自信的人。（带头鼓掌。学生上台自由谈话。）

11. 学生代表谈自己对信心的认识

学生1：有的同学学习成绩不理想，想提高学习成绩的话，不要期望一下子全面提高。可以先攻自己最感兴趣、最容易提高的科目，一科成绩有了提高，信心也就随之增强，然后再攻第二科。

学生2：我有一年期中考试数学成绩低于班平均分数线10分以上，我的目标是在期末考试中使数学成绩超出班平均分数线10分以上。我把这目标分解成四个步骤完成：第一次测验超出班平均分数线5分以下，第二次测验达到班平均分，第三次测验超出班平均分数线5分以上，最后在期末考试中超出班平均分数线10分以上。把目标分为若干阶段小目标，每经过一次努力，小目标达到了，成功的体验就产生了。这成功体验又继续激励着我向更高的目标行进。现在我的成绩有了一个质的飞跃，就是这样得来的。

> 学生3：自信是不能凭空产生的，它是建立在知识面广，分析、解决问题能力较强等基础上的。如果知识浅薄，却自我感觉良好，那是自大。要使自己有信心，就要打好扎实的知识基础，拓展课外知识面，锻炼和发展各种能力，掌握基本的技能。自己各方面本领都过硬，才能成为一个真正自信的人。

学生4：我认为我们在学习中要建立自信，可以从以下几点入手。

> A. 从提高自己擅长的或较容易提高的科目入手,可以很快地激发自己的信心。

> B. 以自己为起点,确定切合自己实际情况的学习目标。这样不会因为和同学比较而产生自卑,只要自己进步了,信心就有了。

> C. 将学习目标分成若干阶段具体的小目标来执行,每成功一次就鼓励表扬自己一次。

> D. 付出真正的努力,以勤补拙,打好扎实的学习基础,这是保证长久有信心的一个重要条件。

学生5：每个人身上总会存在优点,存在某些过人之处的。如果你懂得保持自信,确立适当的目标,付出真正的努力,满怀信心地向目标一步步行进,成功将会属于你。请记住："天生我材必有用！"

主持人男：相信自己,生活将变得多姿多彩,美不胜收;相信自己,人生会更加灿烂,前程必将如锦似绣。自信,会使我们的人生画卷成为了不起的杰作;自信,让我们品尝成功的欢乐！

主持人女：相信自己,生活就变得完美。然而,我们也清醒地认识到,生活是一片海,人生是一座山;海绝不会永远风平浪静,山也绝不是一马平川,人生永远会有许多困惑令我们烦恼。

主持人男：那么,就让自信闪亮登场！自信能让你摆脱苦恼,自信能让你消除哀怨！自信是成功的催化剂,自信是挑战自我的原动力。

主持人女：让自信闪亮登场！拥有自信我们就能战胜自我,拥有自信我们就能挑战未来。在成长的道路上,让我们永远记住——自信是走向成功的阶梯。

主持人合：让自信闪亮登场！让我们用实际行动证明,天生我材必有用,我们是真正的英雄！我们是永远的赢家！请欣赏大合唱《真心英雄》。

第五章　文娱式主题班会

12. 大合唱：《真心英雄》

班会在歌声中结束。

（四）班会小结

> 要让学生充满自信，就要让他们把头抬起来。这次主题班会，就是一个要孩子们把头抬起来的班会。通过活动，我们做到了这一点。
>
> 作为一个教育者，心态一定要转变，不能老带着挑剔的眼光去看孩子，更不能用成人的标准去苛求孩子。
>
> 其次，要创造更多的让孩子闪亮登场的机会，尤其要呵护那些平时成绩不太好的、比较自卑的、内向的孩子。要用宽厚的爱、博大的爱让他们抬起头来，昂起头来！
>
> 最后，要特别小心地对待孩子们已经长出了嫩芽的自信心。当他们做出令我们不满意的事情的时候，我们千万要提醒自己，不能讽刺、不能否定、不能指责！
>
> 教育是我们的事业，它要求我们用一辈子的精力和心血去耕耘。育人比教书应该先行一步，让学生做一个心理健康的人，永远是我们教育者不可推卸的责任！

第六章 视听式主题班会

视听式主题班会是一种借助现代化教育设施及工具（电视机、录音机等），为培养学生德育素养服务的班会形式。

青少年热衷于看电视、听录音，是好事还是坏事？不少家长和老师对这一问题的看法几乎是完全一致的："学生应该把全部时间放在学习上。"他们从这一角度出发，便认为看电视、听录音有害无益，是浪费时间。当然，如果过分醉心于电视节目，迷恋于流行歌曲，那无疑会影响学习。然而现代化视听技术与视听艺术的日益普及，迫使人们不能无视它们的存在。只要稍加留心，就可以发现，学生之间的交谈，有一半话题是关于这方面的，比如："昨晚的《士兵突击》你看了吗？""嘿，20频道的霹雳舞表演真带劲！""别忘了，明天带一盒周杰伦的《稻香》！"

靠禁令逼迫学生把所有时间都用在学习上，这算不得教育的成功。我们为什么不换一个角度来思考呢？如把电视机、录音机和电脑看成现代化的教育工具，那就是极好的教育方式。可以展望，随着现代化电子技术的高速发展，电影、电视、录音将越来越普及。这一方面极大地丰富了学生的课余生活，另一方面也为德育教育现代化提供了良好的物质条件。运用这些工具举办视听式主题班会，要注意形式短小精悍，内容切题合意，有条件的还可试着搞一些配套性、系列性的班会。

一、牵手环保

（一）班会背景

保护自然环境，维持生态平衡已是摆在全人类面前的一个重大课题。如

第六章 视听式主题班会

果地球上的生态环境遭到破坏,最大的受害者还是人类。我们都知道人类的家园——地球只有一个,是所有人赖以生存的唯一空间。但是,在过去相当长的时间内,人类却很少从长远和全局上去考虑如何更好地与这个星球的自然环境协调发展。从产业革命开始,一系列公害问题便日益严峻地摆在人类面前。我们作为"地球村"的一个普通公民,尤其是青少年学生,应肩负起学习、宣传环保知识,保护环境的重大责任和使命。

(二)班会目的

> 传输适当的环保知识,培养学生环保意识。
> 激发学生热爱自然,热爱生活的思想感情。
> 增强学生对自然的高度责任感,引导学生形成良好的环境保护习惯。

(三)班会准备

1. 搜集有关环保的资料,制作相关的展览图片,准备好解说词。

2. 辅导好诗歌朗诵《春天里,我们去植树》。

3. 组织好快板《校园变成大花园》等其他表演类活动。

4. 用皱纹纸设计一个"地球妈妈"。

5. 制作一个环保主题班会图标,悬挂在教室前面。

(四)活动纪实

主持人甲、乙牵手出场。

主持人甲:有一种义务,它超越了不同的国界。

主持人乙:有一种思想,它超越了政治的偏见。

主持人甲:那是什么呢?

主持人合：那就是环保！现在，我们的主题班会"牵手环保"正式开始！

主持人甲：环保对我们很重要，现在，越来越多的人认识到，我们生存的地球只有一个。如果不保护她，最后，我们将失去生存的依傍。

主持人乙：是啊，那些曾经和我们共同生活在地球上的物种，有些已经在逐渐消失了。如果我们还不注意保护地球，最后消失的，也许就将是我们人类。

主持人甲：下面，请大家观看环保录像片《那已经失去的和正在失去的》。

1. 播放录像：《那已经失去的和正在失去的》

> 当生命于30亿年前开始以后，地球就是许多不同种类生物生息的家园。它们的种类也许有500万到1000万种之多，但其中有许多物种现在已面临灭绝。人们认为，在1550年到1950年之间，平均每年就有1种生物灭绝，从这里可以看出生物的灭绝速度是十分惊人的。

（插入自然风光和千奇百怪的物种的powerpoint图片，解说已经灭绝的动物）

下面出示3幅图片，图片上的3种动物均已灭绝。到了1985年，动物灭绝速度已经上升到平均每天1种。据统计，在已有90%以上曾经生活在地球上的动植物灭绝以后，在1980年至2010年之间，我们可能还失去了另外50万种的生物。你能想象吗？现在每天就有5到10种生物消失在我们的地球上。根据联合国环保部门的科学调查，现在每20分钟，就有一个物种在地球上消失……

物种灭绝的原因很多，其中最重要的原因是人类的作用。人类的出现大大加快了物种灭绝的速度。

首先是人类对动物肆意地捕杀、食用。

（插入捕杀麻雀、烤吃麻雀的powerpoint图片）

就以麻雀为例：过去满天飞的麻雀，现在几乎看不到了，它们的身影更多出现在烧烤小摊上，它们已经变成了人们盘中的美味。有人捕，有人吃，几元一串，一只麻雀的性命才几元钱！

第六章 视听式主题班会

据说这类炸麻雀的小摊生意一直火爆。我无法知道这些小摊每天能烤多少麻雀,也无法知道大自然中每天有多少麻雀因人的贪吃而丧生,更无法知道全国各地有多少人在捕、在吃麻雀。我只听见树上的麻雀喳喳地叫,树下的麻雀在铁板上煎烤!树上的麻雀全然不知它们站在树上闻到的那一股股怪味就来自同伴的躯体。同伴的今天,也许就是它们的明天。可怜的麻雀!麻雀尚且如此,那么像白鹤、垂耳鸦那些比麻雀更为珍贵的动物的命运又会如何呢?它们一样也面临着绝种的危机。

(插入白鹤、垂耳鸦的powerpoint图片)

其次,污染也威胁着动物的生命。由于海洋、湖泊大面积受到污染,许多生活在其中和周围的动物无法再继续生活下去。

(插入海滩边死亡的动物的powerpoint图片)

这是一只受到严重污染的动物,虽然我们已经无法再辨认出它到底是什么,不过有一点我们可以确定,它现在的面目全非,这是人类对环境的污染所造成的。这是一只同样遭受到严重污染的野鸭,在它原本光洁的羽毛上,我们可以清楚地看到受污染的痕迹,这又是我们人类的一个"杰作"啊!

另外,许多动物的栖息地被破坏。如:生活在印尼的长臂猿,由于栖息地被大量破坏,种群数量已经不足400只。科学家预测,如果不采取措施进行保护,最多10到20年内,这种动物就会灭绝。

(插入长臂猿的powerpoint图片)

现在大家看到的这些动物,我们在野外已无法寻觅到它们的身影,它们现在少得可怜,只能生存在人类的保护之下了。

(插入powerpoint图片,解说濒临灭绝的动物)

旱地灌了水,湿地变成了田野,森林被砍光,大量土地或者改成了农田、或者盖上了房屋。在动物们赖以生存的栖息地被污染、被破坏的情况下,看着有那么多在人类的肆意捕杀下而提前灭绝了的动物,我们不能不深思。人类不是凌驾于所有动物之上的,我们与它们是平等的,我们应该以保护的态度去面对它们。

主持人甲：是呀，地球是一切生物赖以生存的地方，生物圈是一个有机的整体，但随着人们对森林的破坏，许多动物都已灭绝或濒临灭绝。

主持人乙：没有动物的森林，将是多么孤寂和死气沉沉啊！下面再让我们看看这些可怜的生灵赖以生存的森林吧！

2. 学生演讲：《哭泣的森林》

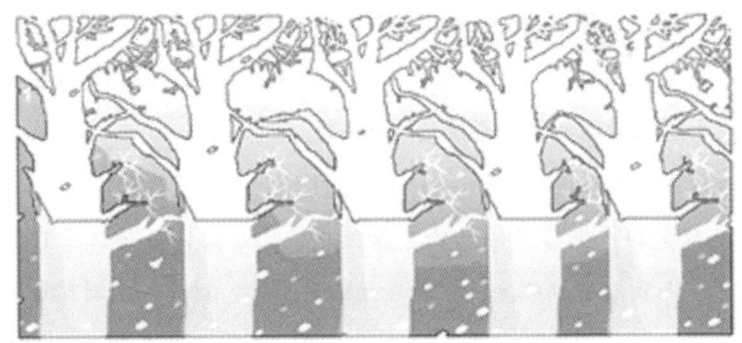

（主持人插入powerpoint图片——记忆中的家园）

大自然是五彩斑斓的，但只有绿色才是生命的象征。

（主持人插入powerpoint图片——过去的景色）

绿色是人类的摇篮和文明的襁褓，地球上如果没有了绿色，就如同沙漠里没有了绿洲，人类社会的一切都将化为乌有。

（主持人插入powerpoint图片——森林的破坏）

然而人类却为了自己的贪婪，日复一日、年复一年地把砍伐的巨手伸向了森林。

（插入powerpoint图片——光秃秃的山）

于是一棵棵树木倒下了，一片片森林消失了。

（主持人插入powerpoint图片——酸雨的损坏）

另外，由于环境污染而形成的酸雨更使森林的处境雪上加霜。

（主持人插入powerpoint图片——一场酸雨造成的破坏）

第六章 视听式主题班会

下面让我们来看一下被酸雨"洗礼"过的森林。随着人类社会的进步,绿色却离我们越来越远了。

下面一系列数据将为我们敲响警钟。

(主持人插入powerpoint显示数据)

20世纪中叶以来的20年中,森林面积已经从原来的40亿公顷下降到了26亿公顷,是森林面积减少最多的时期。现在森林面积每年减少2000万公顷左右,在这100年里,森林面积已减少了50%。森林面积的大量减少造成了生态环境的恶化,催生了泥石流、山体滑坡和厄尔尼诺现象的出现,使土地的沙漠化、荒漠化日趋严重。我国现有的沙化及沙漠土地约有174万平方公里,约占我国土地面积的18.1%。下面让我们来看两幅图片。

(主持人插入powerpoint图片)

昔日的碧草连天今天已变得荒芜,这难道不是大自然对我们的咆哮吗?

(主持人展示沙漠化和沙尘暴的powerpoint图片)

有一年春天,北京遭遇了8次沙尘暴天气,人们在震惊、在思考,我们的生态环境怎么如此快地变坏了呢?据报道,最近的沙漠,距离北京只有70千米了!

然而,就是这样,在我国,对森林的砍伐仍在继续。

(插入森林砍伐和一次性筷子的powerpoint图片)

就拿小小的筷子来说,日本是一次性筷子的发明专利占有者,而日本政府却不许用其本国林木资源生产一次性筷子。他们在我国东北、华北林区合资兴建了数十家筷子工厂,大张旗鼓地进行生产后返销日本。仅1996年一年,我国就向日本出口了200亿双一次性筷子!日本政府将用过的一次性筷子统一回收,制成上好的木浆纸出口,收回成本、赚取外汇。

森林仍在消失,草原日益退化,水土还在流失,荒漠化依然继续。随着人类将斧头伸向森林,人类也把斧头伸向了自己;人类向草原迈出掠夺的脚步时,人类也把自己引上了灾害之路。

主持人甲:森林的破坏如此之严重,直接影响到人类生命所需的重要物质——大气。森林呼吸作用的循环往复,净化着我们的空气,但是我们却这样

肆意地蹂躏着它们。那么，现在的大气状况又是什么样的呢？

主持人乙：下面由我给大家介绍有关大气污染的情况。

（主持人插入大气污染的powerpoint图片）

我们所说的大气污染是由二氧化硫、氮氧化物、可吸入颗粒物、一氧化碳以及化学烟雾等造成的。这些污染物主要来自工业，如不规范炼油厂排放的烟尘、露天自制焦炭和露天垃圾场燃烧排放的有害气体，此外，还有日益增多的汽车排放的尾气等。

排放到空中的污染物和雨水混合形成酸雨。酸雨严重毁坏树木和植物，所以人们给酸雨起了一个名字，叫"空中杀手"。酸雨不仅会毁坏树木，还会杀死鱼儿和损坏建筑物。

（主持人插入被酸雨腐蚀掉的古代石雕的powerpoint图片）

大家可以看到，这是一尊被酸雨损坏的古代石雕。

酸雨还会使地球的臭氧层遭到破坏。大家可以看到这是出现在南极上空的地球臭氧层空洞。臭氧层是地球的天然屏障，失去1%的臭氧，皮肤癌的患者会增加4%～6%。臭氧层被破坏还会损坏人的眼睛，降低人的免疫力。因为现在的臭氧层遭到破坏，皮肤癌的患者增加了15%。严重的大气污染使人患病，让人感到痛苦，甚至使人精神错乱，最终导致死亡。

接下来让我们看看这些血的历史：

1930年12月，在比利时马斯河谷工业区排放的有害气体和粉尘污染空气，短短一周内就使60多人死亡。

1948年10月，美国宾夕法尼亚州多诺拉镇发生烟雾事件，由于空气污染致使43%的居民患呼吸道疾病。

1952年12月，英国伦敦发生光化学烟雾事件，两个月内死亡12000人。

第六章 视听式主题班会

> 1954年美国洛杉矶市发生光化学烟雾事件,许多市民喉头发炎和头痛,75%以上的居民患眼病。

> 1955年,日本四日市被硫酸雾笼罩。1964年该市市民哮喘病大发作,有人因哮喘病而死亡。1967年有些患者因不堪忍受痛苦而自杀。到了1970年患者已达500多人。

人类对大自然进行污染,就会给自己带来惩罚。所以我们一定要珍爱生命,停止对大气的污染。

主持人甲:森林是氧气的生产基地,是我们大自然的肺。净化大气,就得靠我们去保护森林。下面,请欣赏诗歌朗诵《春天里,我们去植树》。

3. 诗歌朗诵:《春天里,我们去植树》

春天里,我们栽下一片片梧桐,
让它们每一片绿叶绽放春的笑容;
春天里,我们栽下一行行垂柳,
让它们每一根枝条弹奏春的欢乐;
春天里,我们栽下一坡坡洋槐,
让它们洁白的花朵增添春的圣洁;
春天里,我们栽下一洼洼松树,
让它们针状的叶子编织春的蓬勃。
春天里,我们栽下一片片林海把荒山绿化;
春天里,我们栽下一条条林带把风沙阻遏;
春天里,我们栽下一行行绿荫把城市装扮;
春天里,我们栽下一丛丛果林让生活欢悦。

我们栽下春光、栽下鸟语、栽下美好，

我们栽下幸福、栽下欢乐、栽下明天……

我们植树，把树苗植进荒山秃岭；

我们植树，把春天植进瀚海大漠；

我们植树，把绿荫植于百姓心头；

我们植树，把富裕植于家家院落。

再不许——

扣扳机的指头惊散春天的鸟语；

再不许——

拿锯斧的大手伸向荡漾的绿波；

再不许——

滚滚的风沙夺走我们美好的家园。

我们植树，把青春植进树的年轮；

我们植树，把生命植进树的绿叶；

我们植树，把理想植进树的脉搏；

我们植树，把追求植进树的枝叶。

我们要对自己说——

快点儿变成绿叶，变成花朵，

快点儿变成丛林，变成浆果，献给我们美丽的祖国……

主持人乙：地球是我们的母亲，地球是我们共同的家。我们在家园里种上小树。我们为它们浇水锄草，我们爱护它们就像爱护自己的生命一样。

主持人甲：大风来了，我们急忙为它们送去拐杖；冰雪来了，我们送来稻草，让它们进入梦乡；嘴巴渴了，我们赶快送去饮料，盼望着小绿树长得更好更壮。

主持人乙：空气和水是一切生物赖以生存的物质基础。没有了空气和水，也就没有了生命。下面我们共同来关注一下水资源的情况。

4. 观看水资源污染图片

主持人甲：地球上的水资源贫乏到什么地步呢？我想给大家说一说这个问题。联合国一项研究报告指出，全球现有12亿人面临中度到高度缺水的压力，80个国家水源不足，20亿人的饮水得不到保证。预计到2025年，形势将会进一步恶化，缺水人口将达到28亿～33亿。世界银行的官员预测，在未来的5年内，水将像石油一样在全世界运转。

（插入江河流水的powerpoint图片）

我国位于缺水国之列，人均淡水资源仅为世界人均量的1／4，居世界第109位。中国已被列为全世界人均水资源贫乏的13个国家之一。而且水资源分布不均，大量淡水资源集中在南方，北方淡水资源只有南方淡水资源的1／4。据统计，全国600多个城市中有一半以上城市不同程度缺水，沿海城市也不例外，甚至更为严重。目前我国城市供水以地表水或地下水为主，或者两种水源混合使用。有些城市因地下水开采过度，造成地下水位下降，有的城市形成了几百平方千米的大漏斗，使海水倒灌数十千米。

专家们警告："20年后中国将找不到可直接饮用的水资源。"美国民间有影响的智囊机构——世界观察研究所，发表的一份报告称："由于中国城市地区和工业地区对水需求量迅速增大，中国将长期陷入缺水状况。"中国的黄河在过去的10多年间，年年断流，其中1997年断流226天。流经中国一些人口密集地区的淮河2011年也断流了近90天。根据卫星拍摄的照片，数百个湖泊正在干涸，一些地方性的河流也在消失。目前全国600多座城市中，有300多座城市缺水，其中严重缺水的有108个。其中北京市的人均占有水量为全世界人均占有水量的1/13，连一些干旱的阿拉伯国家都不如。

即便如此，生活中，我们有时也对滴水的龙头淡然一瞥，扬长而去，任其滴滴流逝。有时候，又为图一时痛快，把水龙头开得哗哗作响，洗去了汗渍却平白浪费了资源。也许，我们从未在意把饮剩下的水随手泼去，从未考虑到会有覆水难收的忧虑。于是，在水杯里、脸盆里、厨房中、水房中、在人们不知不觉中，我们失去的水资源早已积成了深渊。

（插入漏水的马桶、关不紧的水龙头的powerpoint图片）

资料显示：一个关不紧的水龙头，一个月可流掉16立方米水；一个漏水的马桶，一个月要流掉325立方米水。全市若有13万个水龙头、20万个马桶漏水，一年就要损失上亿立方米水。而这些水能使多少干枯的禾苗痛饮甘霖，使多少干渴的嗓子得到滋润，使多少濒临灭绝的淡水生物繁衍生息，使多少危害人健康的风沙难以嚣张呀！在水资源严重告急的今天，这一个个触目惊心的数字难道还不足以唤起人们的危机感吗？危机就在眼前！请你像爱惜生命那样爱惜每一滴水！

试想，如果有一天，我们失去了水，这个世界将变成什么样子？恶毒的阳光，漫天的黄沙，残存的破壁，干涸的河床，以及在狂风中挣扎的枯木……而这了无生机的噩梦很有可能成为人类的明天。

而就在水资源极度贫乏的今天，水污染更使得水资源雪上加霜。

下面是一个和人类认识世界的起始一样古老的比喻：

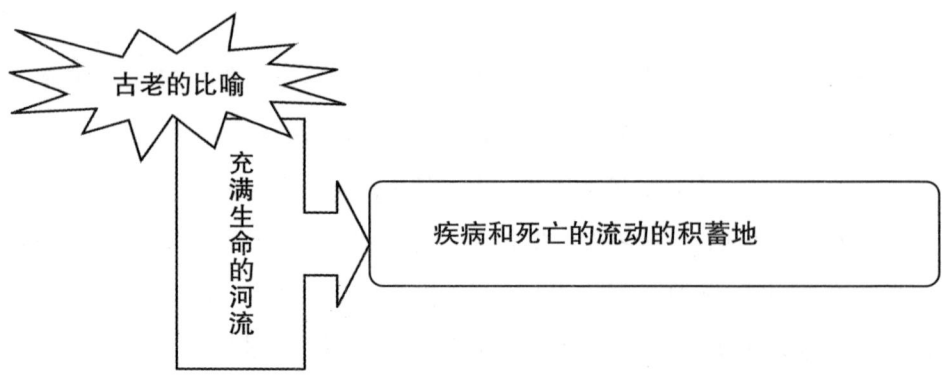

第六章 视听式主题班会

（插入风景画powerpoint图片）

下面请大家看一幅图——现在由于水污染，像这样有青山绿水的美丽的景色在地球上已保存不多了。

世界上共有14亿人的生活环境中没有污水处理和排放设施。

（插入powerpoint显示数据）

据世界卫生组织（WHO）统计，全球80%的疾病以及1／3以上人口的死亡直接来源于不清洁的饮用水。因为水污染，全世界每年有5000万儿童死亡，3500万人患心血管病，3000万人死于肝癌、胃癌，9000万人患肝炎，7000万人患胆结石、肾结石。

（插入工业污水powerpoint图片）

如今水污染的主要来源是工业废水和生活污水。20世纪以来，伴随着社会生产力的极大提高和经济规模的空前扩大，世界各国工农业迅速发展，城市人口急剧增加，生产和生活的用水量也随之剧增。同时，大量工业废水和生活污水排入江河、湖泊及渗入地下，使众多水源遭受污染。据报道，整个世界已经很难找到一条完全没有污染的、清澈纯净的河流了。

（插入污染典型powerpoint图片）

下面的这幅图片是一个被铜加工厂泄漏的铜水所染红了的湖泊，这是一个多么令人触目惊心的画面呀！

在我国，水污染也日益严重，我国有523条大型的河流，目前有436条已经被污染，水中的有机化学污染物已达2221种，有毒藻类1441种。北京每年有10亿立方米的工业废水和生活污水难以处理。

这里，我想向大家介绍一个地方——昆明的海埂。我相信，所有对足球略知一二的人都不会对这个地方感到陌生，这里是甲A诸强的春训基地。青山、绿水、蓝天、白鸥，海埂基地正门边的滇池就是这样的一番人间仙境。现在这个曾被无数诗人赞美的滇池变得面目全非。由于污染，滇池的蓝藻大爆发，像油漆一样的墨绿色的蓝藻浮在水面上，它们腐烂时散发的恶臭难以形容。

我想大家都听说过"赤潮"这个词吧？如今世界上每年都会发生几次赤

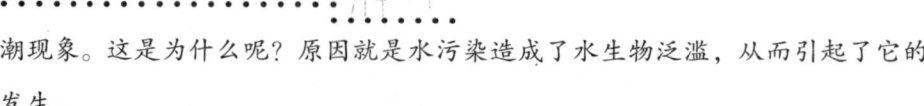

潮现象。这是为什么呢？原因就是水污染造成了水生物泛滥，从而引起了它的发生。

（插入赤潮powerpoint图片）

也许有些人会觉得它好看，但他们却不知它的出现意味着水中的动植物的死亡。

事实上，在我国，长江、珠江、辽河、松花江、淮河、海河、滦河等几大水系均已遭受了不同程度的污染，太湖、巢湖、洞庭湖和上面提到的滇池等许多大湖泊也都遭到了严重的污染。

（插入被污染的水的powerpoint图片）

下面请大家看几幅图画，这些红色的、黑色的液体就是被污染了的水。在被污染了的水中，一般的动植物都是无法生存的，当然，这样的水我们也是无法饮用的。

水能载舟，亦能覆舟，如果人类还珍惜生命，还向往有个绿色的明天，那么请从一点一滴做起，来保护我们的水资源吧！

5. 学生谈论家庭对环境的污染情况

主持人甲：环保，说起来真是一个沉重的话题。自然环境被破坏了，我们家庭生活中有没有破坏环境的行为呢？只要留心，我们发现情况不是那么乐观。

（插入家庭污染powerpoint图片和文字）

亲爱的朋友，你可曾想到，在我们看来普通而又不为人重视的"小污染"，却时时刻刻危害着我们的环境。

随着时代进步，科技的发展，同学们家里的电器迅速更新换代。但这些被淘汰下来的家电就成了"高档垃圾"，据说，这种"垃圾"比废电池毒性还要大。不知大家是否注意过自己家里的废旧电器到哪里去了。目前各城市都没有合理的处置办法出台。还有,现在许多同学家都新装修了房子,使用了地板革、墙纸和各种涂料。这些东西有的是化学合成品,有的是塑料制品,其中不少制品含有致癌物质。如苯、四氯化碳、丙烯脯。地板、墙板、天花板、塑料制品、纺织品和绝缘材料的主要原料是石棉。石棉含有矿物纤维,长期吸入石棉粉尘的人会患石棉肺,即肺部弥漫性炎症、结疤。近来发现,接触石棉的工人肺癌发病率很高。

> 你知道吗?
>
> 当我们在厨房中忙碌,炒菜做饭时,不经意间就造成了烟气污染。炒菜的油冒烟的时候,油温可达280度,很容易产生致癌物质苯并芘。
>
> 近年来人们发现,居室内小环境的污染比大环境的污染有时更为严重。由于居住条件的关系,有的居室光线暗淡、通风欠佳,尤其是冬天,更是门窗紧闭。

更普遍的就是白色污染,它对环境的危害也不可轻视。目前我国光是每年扔弃在铁路沿线的塑料快餐盒就达8亿多个,加上城市快餐业的发展,每年废弃量达100亿个之多。其中80%以上未经回收,大量地散落在环境中,重量在8万吨以上。大家可曾知道这些塑料在自然界中需要450年的时间才能被分解?当然我们不能过多地谴责别人,我们自己也有份。请同学们回忆回忆,并试着统计一下,每天我们上学的路上,是不是时常嚼着口香糖?又随手丢弃过多少零食的包装纸、喝过的饮料瓶子、废旧电池?而我们的父母亲每天又丢弃了多少食品塑料袋、用完的电话卡?我们是否劝阻过?事实上,这些都给地球造成了不可逆转的环境污染。

地球只有一个,我们的地球不能再有创伤!让我们携起手来,从自己做起,从一点一滴做起,为清洁地球、为净化我们的生活环境尽自己最大的努力!

主持人乙:也许一个人的力量还太渺小,一个人的影响还太微弱,然而当我们走到一起时,我们将开创出一片灿烂的星空。让我们携起手来,为了共同的理想,为了共同的明天,从我做起,从身边的每一件小事做起。下面请听我班的环保宣言。

6. 学生代表宣读班级环保宣言

资源枯竭，森林消失，大气、水体被污染等种种问题一一呈现在我们面前时，我们深感环境危机的紧迫性。光靠个人力量是很难改变这严重的现状，但是如果全世界70多亿人都有环保的意识，都为环保做出一些贡献，那么所带来的影响将比一个国家几十年才能完成的治理还要明显。

在我们的日常生活中，有许多小事都对环境造成破坏。这些一点一滴的小事、一点一滴的破坏会影响我们的生活，甚至可以威胁地球的生命。因此我们每一个普通人，就要从一点一滴的小事做起，保护环境。

举几个很简单的例子来说吧，我不知道大家是否想过：每当吃午饭时，如果每个同学都自觉地带一双筷子或勺子，那么将会有多少棵大树不会被砍掉？如果每位同学都能自己带一个水杯来喝水，那么将会少丢弃多少个塑料瓶？当我们把用完的废旧电池有组织地收集起来时，将会有多少亩田地不会被污染？再有，如果我们购物时少要几个塑料袋或者用完后随手打个结，那么，在刮大风的天气里，我们就不会看到漫天飞舞的塑料袋了。甚至，我们用纸时用双面，过年过节时少寄几张贺卡，都会为我们的地球多留下一片绿荫。我们不必苛求自己去做些什么，只要我们都有这种意识、这种理念，遵循良好的绿色环保的生活方式，循序渐进地治理，那么地球将会变得日益清洁，我们所生活的环境也将会变得越来越舒适，越来越清新。

在环境污染的肇事者名单中，没有人可以逃脱；而在环境恶化的受害者名单中，也没有谁可以幸免。我们不仅是环境污染的受害者，也是环境污染的制造者，更是环境污染的治理者。因此，我们有责任去治理它，去改善它，使它恢复曾经洁净的一面。那么就让我们从今天做起，从现在做起，从我做起，把保护环境的信念深记在心中，去为环保做些事，捍卫我们共同的家园！

主持人甲：是的，让我们携起手来，为了共同的理想，为了共同的明天，从

我做起,从身边的每一件小事做起,致力于保护我们本已伤痕累累的地球家园。

主持人乙:我们坚信,因为你、因为我、因为他的加入,这个蓝色星球的星空将会更加绚丽;良知也定能够战胜贪婪、懒惰、不负责任等一切人性的弱点;人类发展在带给大自然伤害的同时也定能医治她的创伤;天空将不再是灰色的,地球将不再哭泣。

主持人合:我们将拥有一个绿色的地球,我们将拥有一个属于你、属于我、属于我们大家的绿色家园。

主持人乙:下面让我们共同欣赏一首来自零点乐队的歌——《记忆中的天空》。

7. 歌曲:《记忆中的天空》

(没有找到歌曲的可做诗歌朗诵。)

当天空只能在我们记忆中晴朗

当绿色只能靠画笔才能够重现

看看吧这世界

人类的脚步还能前进多远

末日的来临也许不是个谎言

想想吧这画面

是否让你感到辛酸

我们不愿看见

某个早晨睁开双眼

鱼儿在枝头挂满

让鸟儿飞翔在孩子们的双眼

让绿水绕青山那一天不会遥远

像梦魇在蔓延

要靠爱去改变

从你们

从我们

还地球一张笑脸

主持人甲：只有一个天，只有一个地，只有一个地球，只有一个家，我们这些地球的孩子啊，请别再弄脏地球的脸！地球的孩子啊，请爱护我们共同的家园。为了地球上的生命，为了我们自己，请爱护我们的家。地球并不属于人类，而人类却属于地球。

主持人乙：我们绿化田野，我们绿化村庄，我们还要绿化校园。请听快板《校园变成大花园》。

8.快板：《校园变成大花园》

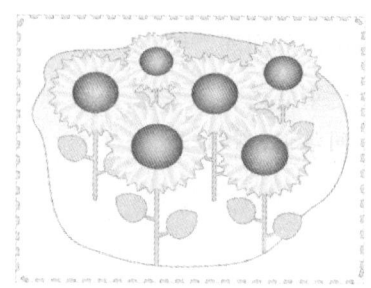

学校绿化要搞好。

你来看，

红的花，绿的草，

花儿娇艳多妖娆，

草儿绒绒似绿毯。

校长教导忙业务，

老师们个个勤又累。

学校绿化要靠谁？

请放心，

第六章 视听式主题班会

有我们环保勇士队。

春天里，栽下树，种下苗；

到夏天，绿荫下面好做操；

秋天里，桂花飘香满校园；

冬日下，雪松依然春意俏。

勇士队，护小花，

浇水培土勤照料，

爱小树，施肥料，

洒药除虫又拔草，

幼苗逐渐长大了。

同学们，爱花美，

看见花儿心已醉。

爱护花草和树木，

偷摘鲜花行不美。

同学们，忙住手，

积极报名要入队。

朋友们，欢迎你，

学校绿化靠大家，

靠大家！

我出一份力，

他尽一份心，

校园变成大花园，

大花园，大花园。

主持人甲：牵手环保，从我做起，从现在做起。环保，把我们紧紧地联系在一起。请欣赏环保三句半表演。

9. 环保三句半表演

甲：环保勇士爱环境，

乙：假日活动落得实，

丙：宣传，植树，搞绿化，

丁：有意义！

甲：小小勇士展翅飞，

乙：飞到新村里弄田，

丙：打扫卫生又助人，

丁：真难得！

甲：垃圾桶上把签标，

乙：塑料、废纸、旧电池，

丙：原来分类来管理，

丁：有头脑！

甲：变废为宝有新招，

乙：可乐瓶编成小花篮，

丙：易拉罐变成烟灰缸，

丁：真聪明！

甲：环保队员勤学习，

乙：理论指导来实践，

丙：科学指路通大道，

丁：好见识！

甲：稻草还田作肥料，

乙：生态旅游益处多，

丙：清洁能源来寻找，

丁：招真高！

甲："环保"两字记心头，

乙：在家争做小标兵，

丙：自觉带动周围人，

丁：没问题！

主持人乙：我们是环保小战士，我们争当环保小英雄。其实，不仅仅是我们在牵手环保，全球全中国都在牵手环保。我国近年来在环保方面已取得哪些成绩？我们来听听班长带给我们的好消息。

10. 班长发言

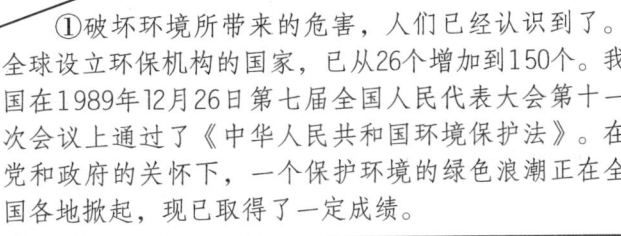

①破坏环境所带来的危害，人们已经认识到了。全球设立环保机构的国家，已从26个增加到150个。我国在1989年12月26日第七届全国人民代表大会第十一次会议上通过了《中华人民共和国环境保护法》。在党和政府的关怀下，一个保护环境的绿色浪潮正在全国各地掀起，现已取得了一定成绩。

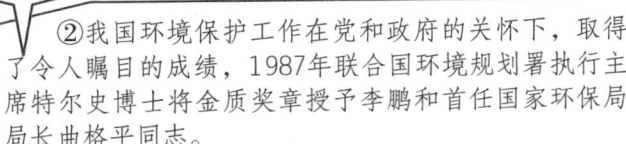

②我国环境保护工作在党和政府的关怀下，取得了令人瞩目的成绩，1987年联合国环境规划署执行主席特尔史博士将金质奖章授予李鹏和首任国家环保局局长曲格平同志。

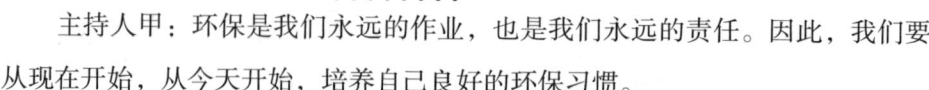

主持人甲：环保是我们永远的作业，也是我们永远的责任。因此，我们要从现在开始，从今天开始，培养自己良好的环保习惯。

主持人乙：说到环保习惯，我不禁想起了值得我们学习的德国人。

11. 学生介绍德国人的环保习惯

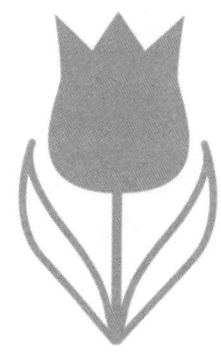

刚去德国的中国留学生有一件事很不习惯，那就是烦琐的垃圾分类。其中有许多条条框框，尽管许多留学生以入乡随俗的态度认真而谨慎地对待，但还是会在不少场合受到批评。一名中国学生将装牛奶的纸盒扔到了装废纸的桶里，结果他的德国邻居毫不客气地说因为牛奶盒的表面有一层塑料薄膜，所以它应该被扔到装塑料的垃圾桶里。另一次，他白天将香烟盒扔到装废纸的桶里，晚上回来房东为此专门找他"谈话"，原来他的错误是没有将香烟盒里的锡纸取出来。许多到过德国的人感叹那里的生态环境如此优美，殊不知其中包含着诸多的因素。

德国一年级的小学生刚到学校注册报到，就会领到一本环保记事本。记事本封面一片翠绿，上面有森林、草原、草地和田野，就像在德国高速公路两旁常见的风景一样。这不是做作业的练习本，也不是一般的日记本，而是环保记事本。

> 一个小学生的环保记事本上这样写着：
> 周一，我为濒临灭绝的灰鹤捐了一马克的零花钱；周二，睡觉忘了关灯，浪费了大量的电，真不应该；周三，上图画课时连撕了3张白纸，老师说，造纸要消耗大量的木材和水，我感到惭愧；周四，我发现妈妈只为洗两件内衣就开动洗衣机，浪费水、电，妈妈接受我的建议，等衣服积多些再洗；周五，哥哥得知开赛车会排放有毒废气，就想出了弥补的办法——每人每年额外种20棵树；周六，爸爸准备开车去超市购物，后来听了我的话改乘公交车，既节约了汽油，又减少了汽车废气的排放；周日，我丢垃圾时发现没有分类，于是不顾臭味将垃圾分类后才丢入垃圾箱。

环保记事本的设计精心别致，每一页左上角都印有精美的风光照片，编者告诉孩子：要热爱大自然，热爱优美环境，热爱身边或大或小、或强或弱的生灵。

事事注重务实的德国人，对孩子的环保教育同样讲究务实。

德国的教室很大，右前方有洗手池和杂物橱，还有四个不同颜色的垃圾桶，分别丢弃金属、废纸、塑料和食物。分类丢弃垃圾的习惯，孩子们早在幼儿园就已养成。孩子们喝茶进餐用的杯碗都是玻璃、金属或是瓷器的，没有塑料和纸的，这些都可以重复使用。

德国小学生也轮流值日，值勤内容是负责能源节约——只有在光线不足时才开灯，且先打开远离窗口一边的灯，以后才用临近窗口的灯，尽可能地利用自然光照明。冬天供暖时，气窗不打开，因为热空气浮在上面，不能被"漏"掉，下面的大窗只在课间开启5分钟左右，达到通风换气目的；当教室里够热时就关闭暖气。在自然的怀抱中，孩子们学着种树种花甚至种庄稼，体会食物的来之不易和大自然的恩赐。学生还参加太阳能玩具制作大赛、健康早餐会等活动。在德国东部勃兰登堡州的希夫海德—科林生态保护区，有专门为孩子们建立的小农场，柏林的孩子有时也会到这里来住上一周，学习生态保护和生态农业知识。

主持人乙：地球只有一个，如果它被破坏了，我们别无去处，因此，保护地球就是保护我们自己。下面请我们的地球妈妈闪亮登场。让我们一起来唱《我们共同拥有一个地球》，唱出我们的心声，让更多人来热爱地球妈妈，保护地球妈妈。

12. 合唱：《我们共同拥有一个地球》

（这时，一个身穿地球模型服装的"地球妈妈"出场，来到教室中间，跟着歌曲的旋律翩翩起舞，各个小组的队员起立，用热烈的掌声欢迎"地球妈妈"。）

主持人甲：借这个机会，我想让我们的"环保勇士队"在我们班上成长壮大。我们将利用节假日到社会上去宣传环保，去为我们的地球妈妈做一些力所能及的事情。请愿意参加"环保勇士队"的朋友起立！

13. 学生宣誓"牵手环保，我们义不容辞"

主持人乙：谢谢同学们的热情参与。我们的"环保勇士队"是真的勇士！让我们展望明天的环保，把最美的祝福献给我们的地球妈妈吧！

学生甲：祝福地球妈妈永远年轻！永远美丽！

学生乙：地球妈妈，您放心吧，我们永远爱护您，我们永远关心您！

学生丙：地球妈妈，我们让您受委屈了。我们以前的不好，请您原谅；我们今天的不对，请您批评；我们一定用实际行动把您的明天打扮得更灿烂更辉煌！

学生丁：您是我们永远的妈妈，我们是您永远的孩子！妈妈，请您爱我们！

主持人合：我们为地球妈妈祝福，我们为地球妈妈祈祷。请全班大合唱《祈祷》。

合唱《祈祷》，班会结束。

（五）班会小结

"环境保护"这个班会主题虽然选题较大，但大题可以用小的切入点来表现，并且充分利用多媒体技术，让班会有声有色，并调动了学生的激情。通过这次班会，学生对地球上的生物灭绝、大气污染、森林消失、水资源危机等几方面有了一定的了解，并且意识到环保是一种理念、一种意识、一种责任，应该从生活中一点一滴的小事做起。其实，同学们在准备班会的过程中所受到的教育，远远超过这短短的50分钟。

第六章 视听式主题班会

二、责任，与我们同行

（一）班会背景

古今中外曾有很多大师告诫我们：人生在世，必须要对家庭、社会、国家以及自己尽到应尽的责任，这样才能得到真正的快乐。

但是，现在的学生，自我中心意识太重，对父母、对班级、对社会的责任意识则相对淡薄，有些同学也许还根本不知道"责任"两个字的意思是什么。这与我们传统的那种天下兴亡、匹夫有责的美德相违背，也与我们的教育目标相违背。因此，加强对学生的责任意识教育，培养他们强烈的道德责任感，相对来说就很重要了。

（二）班会目的

1. 培养学生正确的人生观和强烈的责任感。
2. 让学生明白责任无时无刻不在的道理。
3. 让学生明确生活中我们存在着哪些不负责任的行为，并加以改正。
4. 帮助学生树立对自己、对家庭、对他人、对集体、对社会、对自然负责的意识。

（三）班会准备

1. 分组排练歌舞、小品等文娱节目。
2. 搜集名人关于责任的故事。
3. 学生做好班会发言的准备。
4. 做到心中有数地评选"集体热心人"。
5. 拍摄平时自习课上的不良现象，制成电视小品。
6. 准备好多媒体设备。

（四）活动纪实

主持人甲：首先出个题目考考大家，希望大家踊跃发言。答得完美的，我们要给予热烈的掌声，并赠送精美的礼品。

主持人乙：现在请听题。人生什么事情是最痛苦的？人生什么事情是最快乐的？

（其余学生发言略。如果没有人说出完美的答案，安排一位同学最后回答。）

学生：人生最苦的事，莫苦于身上背着一种未来的责任。人生最快乐的事，当属把责任完成了，尽到了自己的责任。

主持人甲：这是你说的？

学生（笑）：不是，这是梁启超爷爷说的。

主持人甲：是啊，我们来到这个五彩缤纷的世界，呼吸着新鲜的空气，感受着浓浓的亲情，我们情不自禁地说："我们多么幸福！"我们慢慢长大，我们慢慢思考，我们慢慢意识到，人生在享受权利的同时，也要尽着自己的责任和义务。

主持人乙：关于人生的责任，梁启超爷爷还有一段精彩的论断，现在我们把它带来了，我们大家一起朗读，好吗？（学生回答：好！主持人甲打开多媒体演示屏幕，显示梁启超的话。）

学生齐读："答应人办一件事没有办，欠了人的钱没有还，受了人的恩惠没有报答，得罪了人没有赔礼，这就连这个人的面也不敢见；纵然不见他的面，睡了梦里都像有他的影子来缠着我。为什么呢？因为觉得对不住他呀，因为自己对他的责任还没有解除呀。不独是对于一个人如此，就是对于家庭、对于社会、对于国家，乃至对于自己，都是如此。"

[屏幕推出字幕——第一乐章：对自己负责。]

第六章 视听式主题班会

1. 对自己负责

主持人甲：大家读得很整齐，也很精彩。我从同学们的朗诵中，体验到一种从来没有过的庄严的感觉，崇高而又让我们热血奔涌。原来这种责任的感觉就在我们的心中，一旦遇到适合的土壤，就能够生根发芽，茁壮成长。

主持人乙：可是，还有些同学，他们好像忘记了责任的存在，忘记了责任原来就存在于平时的一举一动中。人一旦没有了责任意识，就不会严格要求自己，就不会遵守各种规章制度。

主持人甲：是吗？有这回事？你说说看。

主持人乙：我想问问大家，你们的学习目的明确吗？你们的作业认真做了吗？你们是否在电子游戏机室里流连忘返呢？你们是否守时？你们是否守信？当你们做错了事时，你们是否勇敢地承认并改正？下面请大家欣赏电视小品《热闹的自习课》。

2. 播放电视小品：《热闹的自习课》

上自习课的教室，热闹非凡。

［特写镜头］有的同学一边做课堂作业，一边哼着流行歌曲；有几个同学干脆拿着别人的作业抄答案，嘴里还不时地冒出一些脏话痞话；有的同学在埋头看武侠小说，看到高潮之处手舞足蹈；有的同学在看一些卡通小人书，看得津津有味……

［全景］有些同学围在一起谈天说地，并随处走动；有些同学在大谈打游戏的心得，眉飞色舞……

［特写］有的同学在认真读书，对这种吵闹现象很反感，但是皱皱眉头就算

了；有些同学在一起讨论难题；值日生在认真地洒水，整理桌椅等物品。

[全景]这时一位同学吹了一声口哨，并说："老师来了。"于是人人都坐得端端正正的，面前摆出了语文书、英语书，朗朗的读书声随之响起。

主持人乙：当局者迷，旁观者清呀。好了，大家看了小品，发现我们的好些同学在里边表演着——你觉得这个小品中的人对自己的学习负责任了吗？我们在学习中还存在着哪些对自己不负责任的行为呢？请同学们大胆发言，把自己心中的想法说出来，或者把自己的决心与打算说出来，和我们共同分享。

3. 学生讨论不负责的行为

同学1：对自己不负责的行为在我们同学中或多或少地存在，比如，刚才小品中的抄作业。抄别人的作业让我们在无形中养成了不思考的坏习惯，这样做学习成绩就不会提高，该学的知识没有学到，就没有完成学习任务。这样如何能培养自己的能力？再说，把别人的作业当作是自己的作业让老师看，也是对老师的不尊重。

同学2：责任就是分内应做的事，责任感就是自觉地把分内的事做好的心情。我们分内的事是什么？那就是认真学习，学会各种知识，培养各种能力，让自己茁壮成长，将来能自立于社会，能为国家献上自己的一份力量。试想，连学习任务都不能完成的同学，如何能培养自己的各种能力？

同学3：我想现在是高科技的时代，对知识的需求是很高的，如若我们不能好好学习，必会被社会抛弃。所以奉劝那些痴迷于打游戏的同学，那些痴迷看武侠小说的同学，还有那些热心于追星的同学，赶紧迷途知返，把自己的精力放在学习上。

同学4：听了同学们的发言，我感到很惭愧。平时我不爱学习，总认为学习是那么枯燥无味，作业也经常应付了事。现在我得改变我的看法和态度，再也不能浪费时间了，希望同学们能帮助我。

第六章　视听式主题班会

同学5：我也想说说，我总是很贪玩，因此学习成绩总是不太理想。今后我要改掉这个毛病，大家一起监督我好吗？

同学6：说起来我真的很不好意思。自从迷上打游戏，我就没心思学习，成绩就不用说了。今后我一定不玩了。也奉劝那些爱打游戏的同学，要以我为戒，千万不要和游戏机交朋友。

主持人乙：同学们敞开心扉，敢于说出自己的不足，这是一种伟大的勇气，也是对自己负责的一种表现。让我们用热烈的掌声来谢谢大家的精彩发言。

主持人甲：是啊，我们作为学生，学习就是我们的主要任务，完成学习任务是我们应尽的责任。不能好好地学习，我想一个很关键的原因是我们还没有意识到读书是我们的责任，没有责任压肩的感觉。

主持人乙：是啊，读书是我们自己的事情，现在全班同学跟我们一起来呼喊：读书是我们的职责，自己的事情自己做。

全体学生齐说：读书是我们的职责，自己的事情自己做。

［屏幕推出字幕——第二乐章：对他人负责。］

4. 对他人负责

主持人甲：对自己负责是一种明智的行为，对他人负责是一种高尚的行为。

主持人乙：有些人，他们心里永远装着别人，唯独没有自己，这是一种高尚的责任感，如雷锋叔叔。有些人，他们总是在别人最需要的时候挺身而出，为了国家和人民的利益不顾一切，这就是古人所说的舍生取义。这些人，永远是我们民族的脊梁。有一首歌，就是献给这样的人的。

主持人甲：请欣赏男女声对唱《为了谁》。

5. 男女声对唱：《为了谁》

多媒体屏幕上打出"生命之舟"。

117

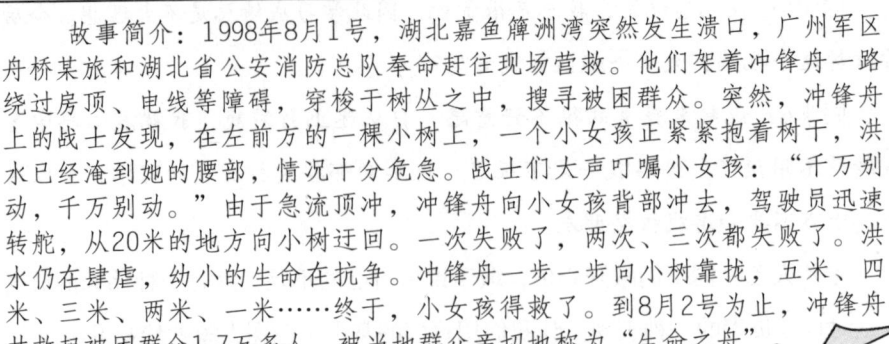

故事简介:1998年8月1号,湖北嘉鱼簰洲湾突然发生溃口,广州军区舟桥某旅和湖北省公安消防总队奉命赶往现场营救。他们架着冲锋舟一路绕过房顶、电线等障碍,穿梭于树丛之中,搜寻被困群众。突然,冲锋舟上的战士发现,在左前方的一棵小树上,一个小女孩正紧紧抱着树干,洪水已经淹到她的腰部,情况十分危急。战士们大声叮嘱小女孩:"千万别动,千万别动。"由于急流顶冲,冲锋舟向小女孩背部冲去,驾驶员迅速转舵,从20米的地方向小树迂回。一次失败了,两次、三次都失败了。洪水仍在肆虐,幼小的生命在抗争。冲锋舟一步一步向小树靠拢,五米、四米、三米、两米、一米……终于,小女孩得救了。到8月2号为止,冲锋舟共救起被困群众1.7万多人,被当地群众亲切地称为"生命之舟"。

主持人乙:对他人负责,是一种责任,也是一种义务。社会需要它,人民需要它,我们的民族更不能缺少它。

主持人甲:对他人负责,这是一种多么令人感动的情怀啊!在我们身边,在我们周围,具有这种精神的人数不胜数,大家生活在一个社会主义大家庭里,无私地奉献着自己的爱心。下面请欣赏舞蹈表演《爱的奉献》。

6. 舞蹈表演:《爱的奉献》

解说词:一个加拿大共产党员,不远万里来到中国,帮助中国抗日。为了救治中国伤员,他常常连续手术十五六个小时不休息;为了救治中国伤员,他从自己羸弱的身躯中抽血300CC不犹豫;为了救治中国伤员,他用嘴吸出毒液……后来他为中国人民的解放事业献出了生命,其事迹感天动地,他是对他人负责的典范的事例,也是我们永远学习的榜样。

播放动画《白求恩的故事》。

解说词:为了救活全船乘客,他指挥若定,从容不迫。这一切都源于他把生的希望留给了别人,把死的威胁留给了自己,最后献出了年轻的生命。好样的船长,壮丽的人生。我们应该对这样勇于对他人负责的人树碑立传。

播放动画《哈尔威船长的故事》。

主持人乙:千言万语都无法表达我们对英雄的敬重,让我们为千千万万的心中时刻装着他人的英雄献上我们最诚挚的祝福。让我们一起来合唱《让世界

充满爱》。

7. 合唱：《让世界充满爱》

主持人倡议全体学生齐说"我们拥有爱心，我们敢于对他人负责"，并朗读梁启超关于责任的著名篇章：

凡属我受过他好处的人，我对于他便有了责任。凡属我应该做的事，而且力量能够做得了的，我对这件事便有了责任。凡属我自己打主意要做一件事，便是现在的自己和将来的自己立了一种契约，便是自己对于自己的一层责任。有了这责任，那良心便时时刻刻监督在后头。一日应尽的责任没有尽，到夜里头便是过的苦痛日子，一生应尽的责任没有尽，便死也是带着苦痛往坟墓里去。

> 什么事最乐呢？自然是应尽责任完成了。这算是人生第一件乐事。古语说得好，"如释重负"；俗语亦说得是，"心上一块石头落了地"。人到这个时候，那种轻松、愉快，真是不可以用言语形容。责任越重大，负责的日子越长久；到责任尽到时，海阔天空，心安理得，那快乐还要加几倍呢。大抵天下事，从苦中得来的乐，才算是真乐，人生须知道负责任的苦处，才能知道尽责任的乐处。处处尽责任，便处处快乐；时时尽责任，便时时快乐。快乐之权，操之在己。所以孔子说"无入而不自得"，正是这种作用。

［屏幕打出字幕——第三乐章：对自然负责。］

8. 对自然负责

主持人甲：其实，责任无处不在。

主持人乙：其实，我们对身边许多事物都有自己应该尽的责任。如果我们忽略了它们，它们也将离我们而去。

主持人甲：下面请欣赏童话剧《小白杨的遭遇》。

9. 童话剧:《小白杨的遭遇》

[夏天,马路边的一株小白杨,伸开它的手臂,怀抱着一群小麻雀。]

小麻雀[惊讶地望着那叶子发黄的小白杨]:你怎么啦?发生了什么事情啊?

小白杨[悲伤地]:小麻雀,我快不行了。几个月来,我每天都闷得发慌,这周围不知有一股什么怪味道,不,是怪气。本来,我觉得只有汽车才会有这样的怪气,可现在四面八方都有这样的怪气,我呀,真是难受极了。这些天来,我浑身一点儿力气都没有,腰也伸不直了。

小麻雀:这是什么原因啊?我们快去找啄木鸟医生吧。

[这时,不知从哪儿飞来了一只白头翁。]

白头翁:附近开了几个化工厂,它们排出大量的废气——二氧化硫什么的。唉,小白杨,可惜你不能离开,要不,我带你到远方的森林里去,那儿有潺潺流动的清清泉水,有新鲜的空气,在那儿你一定会长得像巨树一样。

小白杨:是呀,我天天喝的是我身边几户人家倒下的大量肥皂水、碱水。现在,我不但长不大,我也活不了啊。白头翁,咱们可能要永别了。

[话还没有说完,哗地又一盆肥皂水泼了出来。接着又跑来了一个小男孩,他掏出一把小刀,在树上刻着:到此一游。画外传来在微风里小白杨抽泣的声音。]

小麻雀[无能为力地深深叹息着]:唉……

[这时几个园林工人来了。]

小麻雀:小白杨,你不要着急,园林工人来了。也许你得救了呢!

小白杨:我得救?[苦笑]怕是来结束我的噩梦的吧……

园林工人1:这棵树伤得太厉害了,我们还是砍掉它吧?

园林工人2:这也没办法。还是砍下来吧!

小麻雀[扑闪着翅膀,哭泣着离开]:小白杨,永别了,小……白杨……永别……了。

第六章 视听式主题班会

画外音：就这样，小白杨倒下来了，在马路上，它还在做着美丽的梦呢！

主持人甲：看完了这个童话剧，我想同学们一定有所思吧！作为有志青年，我们该怎样尽我们应尽的义务和责任，为环保贡献自己的一份力量呢？

主持人乙：下面请大家就"责任与环保"的话题展开讨论并积极地发言。

同学1：要真正地爱护自然、保护自然，我觉得宣传法律，促进生态立法迫在眉睫。现在虽然有《中华人民共和国农业法》《中华人民共和国草原法》《中华人民共和国水土保持法》，但解决不了根本问题。

要解决根本问题，就只有大家都树立一种良好的环保意识，自觉地履行法律赋予的义务。只有我们感觉到肩上有不可推卸的责任，主动地履行法律的职责，那些法律才会起到作用。

同学2：我觉得应该加大罚款力度。新加坡的环境之所以是一流的，跟它的重罚制度有关。重罚从实践上证明了，它可以有效地减少破坏生态平衡的现象。现在工业污染严重是因为我们没有重罚一些企业。如果让他们被罚得破了产，他们就不敢破坏环境了。也只有重罚才会引起全社会对环境问题的高度重视。

同学3：我不太赞同前一位同学的意见。罚款虽然在表面上暂时制止了破坏环境的行为，但从根本上解决不了问题。关键还得靠宣传，要进行广泛的宣传，把这种"人人有自觉保护环境的责任"意识深深植入到每一个公民脑中，让每个人都自觉地保护环境、爱护自然，这才是根本的。

同学4：我觉得空谈不如行动有效。我们中学生应该肩负起保护环境的职责，做环保先行者。平时要争当"环保卫士"，在生活中养成不乱扔果皮、纸屑的好习惯。平时要爱护一草一木，从行为细节做起，养成良好的生活习惯。如果人人都这样，环保责任意识就容易深入人心。

主持人甲：谢谢同学们的精彩发言。

主持人乙：呼唤绿色，牵手环保，从我做起，从现在做起。

主持人合：祖国美丽，你我职责！环境保护，不可推卸！

[屏幕打出字幕——第四乐章：对团队负责。]

10. 对团队负责

主持人甲：一个班级必须有一种班级精神，那就是人人要为这个集体争光，这是一种集体主义责任。

主持人乙：一个团队就要有一个团队的精神。体育比赛时，运动员们在竞技场上奋力拼搏，不怕流血流汗，只要团队胜出，就是他们最大的荣誉！这就是团队责任在激励着他们。

主持人甲：所以奥运歌曲中有这么一句歌词，有些东西"比生命更重要"，这就是责任使他们成功，使他们伟大。

主持人乙：可是在我们的生活中，我们有些同学只羡慕别人的团队精神，忘记了自己对集体、对团队的责任。下面请欣赏小品《审判》。

11. 学生表演小品：《审判》

法官：作为这个特殊法庭的最高审判员，我会遵循"公正、严明"的原则，让每个案件都有一个令人满意的结果。这一次，我们进行"四案一审"，即对四组同类案件进行统一审理。[敲法槌]下面，请原告"桌椅""窗户""地面""卫生角家族"以及被告就位。各位被告，在审理中你们可进行自辩。接下来请"桌椅"讲述他的遭遇。

> 桌椅[扛着拐杖上]：法官先生，我现在每天生活在恐慌之中，我时时刻刻担心自己不知什么时候又会被"破相"。你看，刮伤、割伤已使我们失去了旧日的容貌，残脚断手是我们通常的遭遇，刻画的痕迹使我们过早衰老。现在这些已经成为我们家庭的顽症。同学们啊，你们就是最好的美容师，把青春还给我们吧！

第六章 视听式主题班会

法官：桌椅的遭遇可谓人尽皆知，对于这些，被告有何话说？

被告1：桌椅上的刮痕，纯属意外，并非故意，再说人总不可能处处小心吧？至于刻迹，那是艺术，是为将来的雕刻生涯奠定基础嘛！而且众所周知，鲁迅先生小时候还在课桌上刻"早"字呢！至于残脚断手，那是生产厂家的黑心行为，他们生产出了一些劣质产品，这不能怪我们。

法官：下面请"窗户"发言。

窗户[穿着破烂的衣服]：我是最脆弱的，大家瞧，我可是没有什么完整的脸面来见大家了。那些学生下课后，不顾我的身体脆弱，不断碰撞我的身体，最终都是以我的粉身碎骨终结。

被告2：课后活动是舒展筋骨，有利于学习。在这期间不可避免会有摩擦，而悲剧的产生主要是因为玻璃安装工人的失职。

法官：在众多原告中"地面"呼声最大，让我们听一听。

地面：我将胸膛无私地敞开，可得到的竟是废纸、痰迹的回报，这公平吗？我也爱清洁，不要再给我"描花添彩"了。

被告3[狡猾地]：错了，其实我们都很注重地面的清洁，只是在放学取书包时无意将废纸带到地上的。我们并不知道，所谓"不知者无罪"呀！

法官：听了以上的叙述，大家对案情都有了一定的了解，最后由"卫生角家族"的代表宣读控词。

卫生角家族：我们本是一个庞大的家族，可现在却成为老弱残兵，这完全是由被告们一手造成的，他们使用时不是用力过猛，导致我们脱毛断骨，就是使用后随处堆放，搞得我们家族流离失所。甚至还有一些同学，和别人争吵起来了，不知道善意解决，就用我们作为攻击的武器，大打出手，使得我们面目全非。

被告4：现在垃圾又多又重，而且劳动工具质量也越来越差，所以才会有刚才原告说的现象出现，因此现在关键是要提高工具质量。至于打架嘛，俗语讲"相骂无好口，相打无好手"，情绪激动也是难免的。

法官：陪审团经协商认为4名被告的辩词完全是为自己开脱，是一种严重的不负责任的态度。鉴于此，本法官宣判：4名被告有破坏公物的行为，按照本班公约第二十一条规定，判处修补公物一年，取消评优资格三个月，并对他们进行"爱护公物财物责任"的教育。此案结束。

主持人甲：公共场所的一砖一瓦、一草一木、一切设施都是集体的财产，是劳动人民的汗水和心血的结晶。尊重和爱护公共财物是同学们热爱集体的表现，是每位同学都应尽的基本职责。

主持人乙：其实同学们都非常热爱我们的班集体。借这个机会，我们来评选今天的"对集体最负责的人"。可以自告奋勇地评自己，也可以推荐同学。要求是，每一个参评的人都要说出一件为集体做好事的事例。

12. 学生评选"对集体最负责的人"

主持人甲：掌声请出我们的班主任给"对集体最负责的人"颁奖。

主持人乙：请同学们用热烈的掌声欢迎这些同学上台领奖。

全班同学齐声说：我们是集体的主人。爱护集体，人人有责！

［屏幕推出字幕——第五乐章：对社会、对国家负责。］

13. 对社会、对国家负责

主持人甲：同学们，"天下兴亡，匹夫有责"啊！我们不仅要对自己负责，对他人负责，我们更要对国家、对社会负责。请听男声独唱《五星红旗》。

14. 男声独唱：《五星红旗》

主持人乙：曾经有一位北京的中学生应联合国儿童基金会的邀请，参加在荷兰举行的"世界儿童为和平为未来"活动。当她看到50多个国家的国旗悬挂在宾馆门前的旗杆上，唯独没有中国国旗时，便急切而有礼貌地对活动

第六章 视听式主题班会

组织者说:"我怎么没有看到中国国旗?一定要升起中国国旗!因为我在这儿。"在她的要求下,几经周折,鲜艳的五星红旗庄严地飘扬在会议地点的上空。一个正在成长中的女学生,只身处于异域他乡,能时时不忘自己是中国母亲的孩子,不忘维护伟大祖国的神圣尊严,这是多么难能可贵的爱国主义之情!

主持人甲:爱国主义并非都是轰轰烈烈的,"一枝一叶总关情",从小事做起,从现在做起,把爱国的责任承担起来。历史曾经给中国打上一个大大的黑色叹号,今天我们眼中不该再有迷茫的问号,祖国明天的省略号正等着我们续写呢。让我们全班同学齐声说:"天下兴亡,匹夫有责!祖国,我们永远热爱您!"

全体学生齐呼:"天下兴亡,匹夫有责!祖国,我们永远热爱您!"

15. 全班齐唱:《祖国啊,我亲爱的祖国》

主持人合:同学们,让我们记住今天这美好的时刻,让我们牢记今天的誓言,让我们做一个对自己、对他人、对集体、对自然、对国家、对社会负责的好公民!

班会结束,谢谢大家。

(五)班会小结

> 责任教育,对学生来说很抽象,他们中有很多人还不理解责任的具体含义。所以,在班会设计中,首尾穿插了梁启超先生关于责任的形象而精辟的解释。大师级的解说,浅白明了,有助于学生进一步理解责任的内涵。整个班会板块分明,运用了多媒体的表现手法,新颖独特,大大地调动了学生们的积极性。
>
> 主题班会中主题的挖掘很重要,但表现的形式和特点也同样重要。要考虑到学生认知的特点,尽量形象具体、针对性强,这样也有助于进行学生日后的改进工作,使工作效果事半功倍。

第七章　竞赛式主题班会

我们要培养学生健全的个性、多方面的才华，就不能不重视学生的课余活动。在课余活动中，一个人的兴趣、才华才能得到更充分的体现和发展。对于班主任来说，提倡是一回事，组织又是另一回事。把学生组织起来，开展某些有价值的、比较高雅的活动，对提高学生的审美水平、丰富娱乐形式是很有帮助的。而且，在班集体中开展各项娱乐活动，也有利于培养学生集体观念，创造一种团结和谐的群体气氛。

设计竞赛式主题班会，关键在于：

关键
- A．要有一套人人必须遵守的竞赛规则，这可由学生一同讨论后制定；
- B．既然是竞赛，就需要选出公正的裁判，裁判要估计可能出现的各种情形，并要防止出现负面效应，否则易不欢而散；
- C．主持人要善于制造热烈的气氛，善于使竞赛场面不断掀起高潮。

一、实话实说——朋友

（一）班会背景

很多学生进入初中后，仍摆脱不了对小学学习生活的依恋。再加上初中的课程与小学的编排大不一样，学习时间长了，学习任务重了，有相当一部分同学很不适应，感到学习好累，又找不到好朋友，内心很孤独。有的同学分不清真朋友与假朋友、好朋友与坏朋友、益友与损友的区别，乱讲哥们儿义气，还有的同学不能把握好男女同学交往的尺度，表现得过分的随便或过分的拘谨。所有的这些情况，都让我觉得，有必要和学生敞开心扉来谈一谈"朋友"这个话题。

（二）班会目的

1. 明白朋友的含义与分类、择友的原则，增强交友的能力。
2. 分清真朋友与假朋友、好朋友与坏朋友、益友与损友，把握异性交往的界限与分寸。
3. 增强班级的凝聚力，营造温馨团结的班级氛围，让每一位同学都感受到班集体的温暖。

（三）班会准备

1. 要求每一位同学写好以"友情"为题材的一篇日记。要写真人真事，要写出真情实感。
2. 每位同学向班委会递交"交朋结友调查问卷"，了解学生目前结交朋友的情况。
3. 分小组自编、自导、自演有关朋友题材的小品，并进行筛选。拍摄电视小品《考试》。
4. 由文娱委员组织设计、编排、训练赞美友谊的歌舞。
5. 全班练习大合唱《友谊地久天长》。
6. 收集赞美友谊和珍惜朋友的名言警句、诗歌美文、优秀歌曲。

（四）活动纪实

主持人男：人生什么最温暖？是寒冬的炉火吗？是三月的春风吗？不是，不是。

主持人女：人生什么最动情？是悦耳的歌喉吗？是优美的舞姿吗？不是，不是。

主持人合：是友情，是纯真的友情，是热烈的友情。它能融化冰雪，它能遮挡烈日。

主持人男：没有友谊的一生，是贫瘠的一生、荒凉的一生，像没有绿色生命的土地，像没有枝叶和花朵的枯树。

主持人女：失去友谊的生活，是黑暗的生活，是单调的生活。所以我们渴

望真诚的友谊,渴望有永远的朋友来照亮我们的一生。

主持人男:请欣赏女声小合唱《永远的朋友》。

1. 女声小合唱:《永远的朋友》

主持人男:我们渴望有永远的朋友,我们呼唤着真诚的友谊。

主持人女:那么,我们心中的朋友是什么样的呢?下面进入第二个环节——实话实说,谈谈你们身边的好朋友。

2. 我身边的好朋友

主持人男:今天的节目,我将把文艺节目和有奖问答结合起来,每间隔一段时间,我们主持人就要出一个问题来考考大家。

主持人女:现在请同学们回答第一个问题,你有朋友吗?你为什么喜欢和他(她)交朋友?(学生答案略)

主持人男:说完了自己,我们再来谈谈别人。现在第二个问题是,在我们班内你发现谁和谁是好朋友?为什么?(学生答案略)

主持人女:请思考并用简洁的话语写下朋友的定义,比一比,谁下的定义最好?(学生答案略)

主持人男:

你觉得下面哪种类型的朋友最值得你交往?(主持人提供心理学家分析的六类朋友作参考):

A. 泛泛之交
B. 学习、工作上有联系
C. 功利重于感情
D. 可信
E. 能交
F. 真正的知己
(学生选择和理由略)

3. 我喜欢什么性格的朋友

主持人女：在你的朋友当中，你觉得什么性格的朋友最多，什么性格的朋友最少？你最喜欢交什么样的朋友？

（学生答案略）

主持人女：当我最失落的时候，总有一双目光关注着我的肩头。

主持人男：当我最迷茫的时候，总有一句话回荡在我的心头。

主持人女：就在我人生的路口，总有一个人为我放开歌喉。

主持人男：就在我成功的背后，总有一个人在为我拍手叫好。

主持人合：这个人就是我的朋友，我一生不变的朋友。

主持人女：朋友总让我们感动。但是，究竟什么样的朋友才算好朋友呢？下面，请同学们欣赏电视小品《考试》。

4. 电视小品：《考试》

> 主要内容：刘伟和李建国两人是好朋友。考数学的时候，两人正好坐在一块，一前一后。考场上，刘伟趁监考老师不注意的一刹那，递了一张纸条给李建国，意思是要李建国告诉他因式分解的那道题怎么做。李建国快速地把题解好了，然后把答案递给刘伟，正好被监考老师发现了。老师问李建国："你为什么要把答案递给刘伟？"李建国说："因为我们两个是好朋友。"

主持人男：现在提出第六个问题。请大家结合电视小品内容，仔细思考并分析：这种行为是朋友间应有的行为吗？这种行为对我们大家的成长有益还是有害？应怎样做才对？

（学生答案略）

5. 你认为交什么样的朋友对我们的成长最有益

主持人女：俗话说"近朱者赤，近墨者黑"，这句话的意思是说，交什么样的朋友，就会给我们带来什么样的影响。你认为交什么样的朋友才有益呢？

（学生讨论回答）

主持人男：现在请大家讨论第七个问题。

> 孔子有一句名言："益者三友，损者三友。友下，友谅，友多闻，益矣。友便辟，友善柔，友便佞，损矣。"

意思是说，对我们有好处的朋友有三种类型，对我们有害的朋友也有三种类型。这是孔子以"人品"和"知识"这两个标准衡量朋友，要求我们大家认清益友与损友的区别。现在请大家来讨论一下，你认为，他的这种分类正确吗？他的这句话对我们交朋友有什么指导意义？

（学生回答略）

6. 你认为自己的择友原则是什么

主持人男：我们进入第八个问题。

A．顾全大局，不拘小节。
B．见多识广，终身受益。
C．志趣相投，互相体谅。
D．互助互补，共同进步。

请大家讨论，你的择友原则是什么？

主持人女：有一种友谊，常常让我们感动；有一种友谊，很朴实，也很崇高。这种友谊是什么呢？下面，请同学们欣赏小品表演《朋友》。

主持人男：我们掌声有请表演者出场！铛铛铛——

7. 小品表演：《朋友》

〔三名战地医师抬着担架在救治伤员，突然，一名医师发现了两个小男孩，其中的一个男孩躺在地上。他们奔过去。〕

医师甲：这里很危险，你为什么还呆在这里？

男孩甲：这是我的朋友，他受伤了，我们不能一起走了。

医师甲：可是，你在这里并不能帮助他啊！

男孩甲：至少，我可以陪陪他。我们再也没有亲人了。求求你们了，医

第七章 竞赛式主题班会

师，救救他吧，不然他会死去的。你看他流了那么多血……

医师甲：让我看看，看看情况怎么样。

医师乙：伤的位置不是很危险，可是，已经失血过多了。

医师丙：唯一的办法是给他输血。我先来测试一下他的血型。［取样，化验，对比。］是O型血！［自言自语地］可惜是O型血，不然我可以输血给他。

［男孩甲看着医师的一举一动，咬着牙齿，一言不发地站在旁边。］

医师甲：我的血是A型血，也不能够输血给他啊。

医师乙：没有办法了，我的血型也不合。唉！看来这是天意。

男孩甲［紧张地转过来，问医师甲］：他就要死了吗？

医师甲［严肃地］：是的，因为找不到合适的血型，他失血过多，可能活不过今天晚上了。

男孩甲［跪下来］：你们一定要救救他，只有你们才能够救他。

医师甲：可是，孩子，我们找不到合适的血型。

医师乙：我们为什么不检查一下他的血液呢？也许他能够……

医师丙：对啊！［拿来注射器，从男孩手臂上抽血，化验。突然惊喜地叫出来］啊，也是O型血，正好相配！

医师甲［看着男孩甲］：你愿意救你的朋友吗？我的孩子。

男孩甲：只要能够救活他，做什么我都愿意。就现在吗？

医师甲：是的。现在。

［医师乙和医师丙把受伤的男孩抬到担架上，给他消毒。医师甲把男孩甲的手臂挽上去，消毒，并开始抽血。红色的血液顺着男孩甲的手臂流下来。男孩甲仍旧咬着牙齿，一言不发地站在那里。过了一会儿，担架上的男孩开始苏醒过来。］

医师乙：成功！成功了！他活过来了。

医师丙：你真行，小兄弟！

男孩甲：我就要死了吗？叔叔？

医师甲：为什么呢？孩子，你为什么这样问呢？

男孩甲：因为我的血液输给了他，人流血就会死吗？

医师乙：你怕死吗？孩子。

男孩甲：我怕……可是我愿意把自己的血输给他。

医师甲：为什么呢？孩子，难道你又不怕死了吗？

男孩甲：我怕，可是我是他的朋友，我不救他，就再没有人能够救他了。所以我怕，也要救他。

三名医师[感动得流下了热泪]：多好的孩子啊！多么真诚的友谊啊！我们为他有你这样的朋友而骄傲！孩子。

> 主持人合：这是生死之交的友谊，这是世界上最崇高、最骄傲的友谊。为了朋友，尽管自己害怕付出自己的生命，仍然一如既往地照顾着朋友，甚至为朋友冒着生命危险输血。多么可贵的朋友之情啊！

主持人男：明天你是否会想起，昨天你写的日记；

主持人女：明天你是否还惦记，曾经最爱哭的你；

主持人男：老师们都已想不起，猜不出问题的你；

主持人女：我也是偶然翻相片，才想起同桌的你；

主持人男：请大家欣赏男生独唱——《同桌的你》。

8. 男声独唱：《同桌的你》

（歌词略）

主持人女：有人说，男女之间走得太近，就不会有友谊了。老狼的一首《同桌的你》道出了多少人的内心遗憾。

主持人男：异性之间难道就不可以交往了吗？异性之间就没有真正的友谊了吗？现在，请大家围绕第九个问题展开讨论，异性之间有真正的友谊吗？如果有，应如何把握界限与分寸？

9. 如何把握异性之间友谊的界限与分寸

（学生答案略。可以提供参考：在与异性同学交往时，应心地坦诚，自然大方，应把握感情的分寸，要热情而不轻浮，大方而不庸俗，讲究仪表谈吐，讲究文明礼貌。)

主持人男：我们有许多害羞的男生，希望我们能够给他们一些交朋友的秘诀。

主持人女：我们有一些内向的女生，也害怕主动寻找自己的朋友，总是在一旁默默地看着别人谈笑。

主持人男：我们究竟怎样才能够明确地知道自己有真诚的朋友呢？怎样才能够知道自己的交友能力如何呢？下面，请大家做一个测验——《交友能力自我测试及鉴定》。现在由我们把测验题目发下来，大家根据自己实际情况，如实回答。

10. 交友能力自我测试及鉴定

请在你认为"是"的一项的序号上打"√"：
(1)除了父母或兄弟姐妹，你是否还有一个可以互诉衷肠的知心人？
(2)你有两个以上交了多年的老朋友吗？
(3)除了同龄人外，你是否还有一些忘年之交？
(4)当你遇到意外事故时，你是否能轻而易举地找到一个朋友帮你解难？
(5)你是否每周一次到朋友家去坐坐？
(6)遇到节假日，你是否常会想念朋友们？
(7)朋友邀你去玩时，在一般情况下，你是否会找诸如"最近我太忙"之类的借口婉言谢绝？
(8)朋友遇到困难(如生病)时，你是否会主动去表示关心？
(9)你是否经常用打电话或写信的方式，同远方朋友保持较为紧密的联系？
(10)每过一段时间，你是否会增加新朋友？
(11)你交往的目的不是为自己获得某种"方便"，而是纯粹为了赢得友谊吗？
(12)你正忙时，恰遇朋友来访，这时你仍会热情接待吗？
(13)除了赠送礼品，你还有更多增进友谊的方法吗？
(14)当你遇到不幸或感到寂寞时，你会走出家门向朋友倾诉吗？

主持人女：现在大家做完了吗？好，我们开始给自己计分，一个"√"为1分，累计总分。至于结果如何，我们等下分析。先把各人的分数算好。

主持人男：现在我来宣布一下鉴定标准。总分如达到12分以上，说明你有很强的交友能力。9~11分，说明你有较好的交友能力。6~8分，意味着你尚能维持朋友的友谊。5分以下，意味着你的交友能力不强，还要加紧努力！

主持人女：现在请得分在12分以上的同学到主席台上来，我们用热烈的掌声向他们表示祝贺，并向他们请教交友的秘诀。

（学生介绍略。秘诀答案参见题目）

11. 学生互动：关于友谊的文艺作品

主持人男：友谊是人间最可贵的财产，它偷不走，化不掉。古往今来，有多少仁人志士歌颂过它，又有多少人为它甘愿流血牺牲。原来朋友之情，是如此的深厚啊！

主持人女：下面，请大家比赛背诵一首与朋友有关的诗歌美文，或者唱一首有关朋友的优秀歌曲，或者自己写一句与朋友相关的话。

关于友谊的格言警句

爱的第一所学校是友谊。

把别人的欢乐作为自己的欢乐，你就能够赢得朋友；把别人的痛苦当作自己的痛苦，你就能够赢得友谊。

把心灵和友谊结合在一起的友谊，是温柔和甜蜜的。

人生百年求知音。

保持友谊的最好办法是报之以友谊。

别让时间冲淡思念的酒，别让距离拉开友谊的手，漫长的路，朋友我们一起走。

播下友谊的种子，你将收获欢乐和温馨；播下真诚的种子，你将收获友谊的果实。

友谊不必说再见，友谊不必说抱歉，友谊不必说对不起。

不到患难时，不知道真朋友；不得益友，则不如没有朋友。

不相信任何人和相信任何人，都是错误的。

财富不是朋友，但是朋友却是世界上最宝贵的财富。

长久的友谊，就像长久的酒一样，应该更甜美。

常常伸出手，主动地、真诚地、紧紧地握住另外一双手吧，不要总等别人来握你的手。

除了一个真心的朋友之外，没有一样药剂是可以通心的。

诚挚的友谊，这照亮心灵的阳光是何等的灿烂辉煌。

处己何妨真面目，待人总要大肚皮。

续表

> 满面春风皆朋友,知音就在你身边。
> 纯真的友谊将我们燃烧起来,共同追求人生的真谛。
> 匆匆揭开的是人生的扉页,长驻心间的是无价的友谊。
> 大自然将花朵赠与人类,上帝将最美好的礼物——你的友谊赠与了我。
> 道不同,则不相与谋。
> 敌人一个太多了,朋友一百也还少。
> 懂得把握,自会有善缘;懂得珍惜,就会有结果。
> 对远方朋友的思念是甜蜜的,它如同落日柔和的光芒,轻柔而悲伤地洒在你心上。
> 赠人玫瑰,手有余香;朋友如同冬日的暖阳,温暖着你的心。
> 歌曲举例:《朋友一生一起走》《永远的朋友》《朋友啊,朋友》《友谊地久天长》《朋友之歌》《祝福朋友》《祝福》。

12. 如何才能让朋友间的友谊地久天长

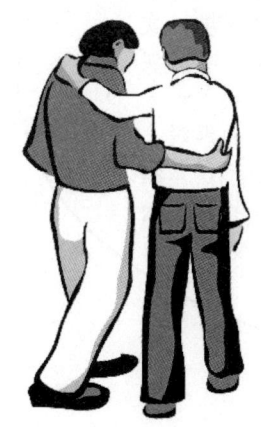

(学生答案略)

主持人女:当你在最痛苦的时候,你想找的第一个人,就是朋友。

主持人男:当你在失魂落魄的时候,从不对你另眼相看的那个人,就是朋友。

主持人女:那个给了你真诚的帮助却不用你说谢谢的人是朋友。

主持人男:那个你今天忘却了明天准能又想起来的人一定是朋友。

主持人合:朋友,是永远值得我们珍惜的精神财富。朋友,是一辈子追随我们的好兄弟、好姐妹。拥有友情是快乐的,拥有友情是幸福的。

主持人合:请欣赏歌舞表演《祝福朋友》。

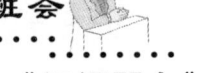

13. 歌舞表演：《祝福朋友》

主持人男：我们迎来的21世纪是充满竞争的世纪。

主持人女：它更是一个需要广泛联系和密切合作的世纪。

主持人合：让我们学会交往的技巧，把握交友的尺度，掌握交友的原则，真正使朋友成为生活、学习中的第二个老师。愿我们拥有更多的知心朋友！愿我们的友谊地久天长！

请全班合唱《友谊地久天长》。

全班合唱：《友谊地久天长》班会结束。

（五）班会小结

成功的主题班会有很多切入点，从上面的班会中我们可以看到，首先，感受身边的友情，说唱自己的朋友，这个题材唾手可得，有话可说。其次，班会营造了一种轻松、和谐、温馨的氛围，给同学们创造了宽松的环境，发言的时候没有心理压力。再次，借鉴电视栏目"实话实说"的形式，给大部分同学提供了用武之地，做到了人人参与，使每一个同学都感受到了集体这个大家庭的温暖。最后，这次班会收到了一箭双雕的好效果。学生不仅掌握了要结交什么样的朋友、如何与异性朋友交往等知识，而且也知道了如何珍惜友情、善待朋友等人际交往技巧。

二、祖国啊，我的母亲

（一）班会背景

中华民族是富有爱国主义光荣传统的伟大民族。爱国主义是动员和鼓舞中国人民团结奋斗的一面旗帜，是推动我国社会历史前进的巨大力量，是各族人民共同的精神支柱。

学生时代是世界观形成的重要时期，在他们中进行爱国主义教育，对于培

第七章 竞赛式主题班会

养"四有"新人具有重要意义。为此,我们特意组织了这次主题班会。

(二)班会目的

1. 本次班会活动,让学生了解祖国悠久的历史、灿烂的文化、丰富的物产、壮丽的山河,了解祖国现代化建设成就及美好的未来,激发学生的民族自豪感和历史使命感。
2. 通过多种形式的表演来歌颂、赞美祖国,激发学生对祖国的热爱之情。
3. 培养学生的组织能力、表演能力及口头表达能力,让每一个学生的才能尽可能地得到发挥。

(三)班会准备

1. 制作《虎门销烟》《火烧圆明园》等多媒体资料。
2. 分组排练歌舞、快板、合唱、独唱、诗歌朗诵等文娱节目。
3. 搜集祖国历史及地理风光的资料,并做好发言的准备。

(四)活动纪实

主持人男:无论走多远,我们都不能忘记我们是中国人。

主持人女:无论到何时,我们都不能忘记我们是中华儿女。

主持人男:脚踏实地,我们因祖国而自豪。

主持人女:回顾历史,祖国因我们而欣慰。

主持人合:让我们深情地呼喊着,祖国啊,我的母亲!

全班大合唱:《祖国啊,我的母亲》

1. 母亲啊,忘不了您的痛

主持人男:别吵,别吵,今天天气真好,让我们的母亲好好休息休息。

主持人女:轻点,轻点,今天心情很好,让我们的妈妈做一个美丽的梦吧!

主持人男:祖国啊,我的母亲,您曾经饱受凌辱,您曾经内忧外患。

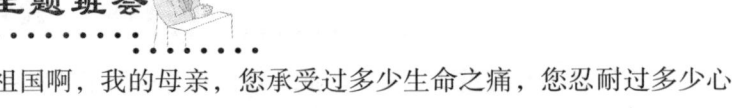

主持人女：祖国啊，我的母亲，您承受过多少生命之痛，您忍耐过多少心灵之苦。

主持人男：下面请大家观看《虎门销烟》等6个小历史知识Flash动画片。

2. 播放 Flash 动画片

《虎门销烟》解说词。

> 19世纪三四十年代，"鸦烟流毒，为中国三千年未有之祸"。鸦片大量输入，使中国每年白银外流达600万两，中国国内发生严重银荒，造成银贵钱贱，财政枯竭，国库空虚。鸦片输入严重败坏了社会风气，摧残了人民的身心健康。烟毒泛滥不仅给中国人在精神上、肉体上带来损害，同时也破坏了社会生产力，造成东南沿海地区的工商业萧条和衰落。1839年6月3日，民族英雄林则徐带领民众起来了。虎门销烟是中国人民禁烟斗争的伟大胜利，给英国侵略者以沉重打击。它向全世界表明中国人民维护民族尊严、反抗外国侵略的坚定决心。矗立在北京天安门广场上的人民英雄纪念碑的第一幅巨型浮雕，就是"六三"销烟壮观场面的真实写照，它将永远地铭刻在中国人民心中。

《火烧圆明园》解说词。

> 1856年10月到1860年11月，中国人民和爱国官兵保家卫国，英勇抗敌，历时四年多的第二次鸦片战争，给予侵略者沉重的打击。但是，由于清政府的腐败无能，战争以中国失败而告终。战争中，英法联军所到之处，烧杀抢掠，无恶不作，使中华民族再次蒙受沉重灾难。1860年10月，英法联军在北京洗劫和烧毁了融汇中外建筑艺术精华的万园之园——圆明园。连侵略者自己也不得不承认："我们就这样以最野蛮的方式，摧毁了世界上最宝贵的财富……你想象不到这座宫殿有多么华美壮丽，更不能设想法军、英军把这个地方蹂躏成什么样子。"

《太平天国农民起义》解说词。

> 鸦片战争后，清政府将大笔军费和巨额赔款，全部转嫁给劳动人民。1840—1850年，广东、广西和全国许多地区，水灾、旱灾、蝗灾，连年不断，广大农民家破人亡，陷入绝境，农民反抗斗争多达110次。特别是两广地区，由于受到鸦片战争的直接冲击，社会动荡更为激烈。1850年，太平天国农民起义就是在这样的形势下酝酿和发动的。于是，有了金田起义，有了与清政府相对立的天京农民革命政权。可是，第二次鸦片战争后，外国侵略者同清政府互相勾结，共同镇压了太平天国农民起义。

第七章 竞赛式主题班会

中国历史上这场规模空前的太平天国农民起义，前后奋战14年，纵横18省，威震全中国，最终在清政府和外国侵略势力的联合绞杀下失败了。

《甲午战争》解说词。

> 1894年的甲午中日战争，日本成为亚洲的暴发户。战争赔款两亿三千万两白银，舰艇等战利品价值也有一亿多日元。而当时日本政府的年度财政收入只有八千万日元。当时的日本外务大臣高兴地说："在这笔赔款以前，根本没有料到会有好几亿元，我们的全部收入只有八千万日元。所以，一想到现在有三亿五千万元滚滚而来，无论政府还是私人都顿觉无比的富裕。"这是何等的猖狂，何等的嚣张啊！

《列强瓜分中国》解说词。

> 甲午中日战争后，列强各国在中国争夺势力范围，中国的民族危机空前严重。1895年，法国迫使清政府开放云南的河口、思茅为商埠，并取得在广东、广西、云南三省的开矿权。1896年，俄国取得在黑龙江和吉林两省境内修筑中东铁路的权利，并取得对铁路沿线地区的管理权。1897年，英国以"永租"的名义，强占云南的猛卯三角地区，并取得在广东西江航行权，还迫使清政府开放广西梧州和广东三水为商埠。1897年，法国不允许清政府将海南岛割让给他国，把海南岛作为它的势力范围。这就是列强瓜分中国的卑鄙行径！

《日本疯狂屠杀中国人》解说词。

> 1937年日本帝国主义者对中国发动侵略战争之后，日本侵略者给中华民族带来了深重的灾难，在中国人民面前犯下了不可饶恕的罪行。山东省济南市琵琶山下的"万人坑"，就是日本帝国主义者侵略中国、屠杀中国人民的历史见证。
>
> 1937年的12月13日，是南京人心中永远的痛。那一天，侵华日军攻占南京，大肆屠杀，血流成河，30多万同胞惨遭杀戮。周恩来总理说过："可以原谅，但是不可以忘却。"

主持人男：天下兴亡，匹夫有责。国难当头，我们应该挺身而出。好，同学们，让我们一齐高声唱响《中华人民共和国国歌》吧。

3. 学生大合唱：中华人民共和国国歌
4. 祖国啊母亲，我要回来

主持人女：走过昨天铺满荆棘的坎坷之路，我们迎来了新中国的曙光。

主持人男：抚平母亲心头的沧桑和岁月的皱纹，我们又看到了母亲宽慰的笑容。

主持人合：听，远处又传来了呼喊母亲的声音。

主持人女：下面请听女声小合唱《七子之歌》。

5. 女声小合唱：《七子之歌》

主持人男：同学们，我们全班同学一起齐声呼喊，祖国啊母亲，我要回来！预备——起！

全班齐声说：祖国啊母亲，我要回来。

主持人男：是啊，实现祖国的完全统一，是海内外中华儿女的共同心愿，是中华民族的根本利益所在。

主持人女：下面请欣赏快板表演《祖国统一是大事》。

6. 男声独唱：《我的中国心》

三位学生吵着上台：有一首诗是我经常朗诵着的，今天有这么一个好机会，不上台去露一手，实在是划不来。

主持人男：好，让我们仔细欣赏他们三个人的诗歌朗诵，看看谁的诗歌最精彩。掌声有请——

7. 母亲啊，您的儿女长大了

主持人男：母亲有着960万平方千米的辽阔疆土，有着上下五千年的悠久历史。

主持人女：今天在新世纪的曙光里，放眼神州大地，我们每一个中华儿女

第七章 竞赛式主题班会

都会热血奔涌,激情飞扬。

主持人男:南方,是飞翔的蓝色梦幻,雄伟的东方明珠犹如璀璨的宝石,点缀在长江之畔。

主持人女:北方,是苏醒的黄色灵魂,昔日的敦煌石窟、关山冷月、大漠孤烟,如今,都萌发着春的绿意。

主持人男:南方,那奔涌的绿色节拍,揭开了一个崭新的时代。

主持人女:北方,那搏动的红色心脏,不断创造着新的希望。

主持人合:母亲啊,您的儿女长大了。请欣赏歌舞表演《爱我中华》。

8. 学生表演歌舞:《爱我中华》

主持人男:掌声请出我们的"祖国风光万里行"的小记者们来展示他们的成果吧。

9. 祖国风光图片展览

学生1:出示照片"美丽的冰天雪地"。

解说词:这是东北三省迷人的冰雪。那儿还有富有节奏的东北秧歌。那儿真是一片神奇的土地啊!

学生2:出示照片"江南水乡图"。

解说词:"上有天堂,下有苏杭",我国东南沿海地区风景秀丽,既有美丽动人的西湖,也有誉满世界的苏州园林。哎,太美了,千言万语也无法表达呢。

学生3:出示照片"西北大沙漠"。

解说词:塞外的风光广袤无垠,塞外的人民更是热情奔放。现在正在进行西部大开发,明年咱们再去写生吧!

学生4:出示照片"美丽的大西南"。

解说词:西南美丽的西双版纳,都令人流连忘返。从南到北,从东到西,纯白的冰雪世界,或流连于塞外无垠的大漠,或徜徉于东南的小桥流水,或驻足于西南的峨眉风光。

啊，祖国，你是如此的美丽！

10. 歌舞表演：《阿里山的姑娘》

主持人女：祖国风光无限好，祖国儿女多自豪。请欣赏歌舞表演《阿里山的姑娘》。

11.《从烟标看祖国建设成就》

多媒体展示烟标，并配解说词：烟标是历史的产物，反映着历史发展的脉搏。从烟标这个侧面能看到共和国取得的辉煌成就。

新中国成立初期，为促进国民经济的恢复，加速发展基础工业，因此各卷烟厂的烟标大都以密集的厂房和高耸入云的烟囱入画。像天津卷烟厂的"富强"、北京卷烟厂的"工农"、驻马店卷烟厂的"支农"、沈阳卷烟厂的"双跃"等。

1958年1月1日，全长668千米的宝成铁路正式通车，从此送走了"蜀道难，难于上青天"的旧时代，宝鸡卷烟厂的"宝成"烟标应运而生。

1952年6月20日，荆江分洪工程胜利竣工。为纪念荆江分洪工程的建成，华中烟厂（现柳州卷烟厂）以荆江分洪区太平口进洪闸全景为主题，特制了"荆江分洪"烟标。1958年12月9日，黄河三门峡截流工程竣工，郑州卷烟厂的"三门峡"诞生了。

1959年9月26日，中国石油勘探工人在东北松辽盆地陆相沉积岩中找到了丰富的工业性石油。当时正值中华人民共和国成立十周年前夕，因此取名为"大庆油田"。沈阳卷烟厂、绥化卷烟厂相继推出了"大庆"烟标。

第七章 竞赛式主题班会

1964年10月15日,中国第一颗原子弹爆炸成功。保定卷烟厂将巨大的蘑菇云设计到"胜利"牌烟标的副牌中,忠实地记录了我国历史性的重大事件。

1968年10月1日,南京长江大桥胜利通车。南京卷烟厂率先推出了"长江大桥"烟标。

改革开放以来,烟标不再是高耸入云的烟囱,而是被摩天大厦、彩虹天桥所取代。如南京卷烟厂的"大京城"、庆阳的"亚欧桥"、青岛卷烟厂的"海滨"等,都勾画出我国现代化的风景线。

随着全球环境保护的呼声增高,我国陆续建造了一批水电站和核电站。这一时期的烟标上出现了水库大坝与高压输电网交相辉映的图画。像宁波卷烟厂的"新安江"、益都卷烟厂的"致富"、芜湖卷烟厂的"丰收"等烟标都体现着新的时代特征。

随着历史的发展,烟标也在不断地记录新的建设成就。单就一个小小的烟标就记载着这么多的建设成就,可见祖国正在日新月异地展翅腾飞啊!

12. 母亲啊,请听听孩子们献给您的歌

主持人男:祖国,我们伟大的祖国,正如一轮鲜红的太阳,在新世纪的曙光中喷薄而出。

主持人女:我们,恰同学少年,风华正茂,意气风发,我们要用手中的笔去描绘祖国明天的蓝图。

主持人男:下面让我们一起歌唱祖国。

主持人女:我们把大家分成男女两个队,每个队轮流把自己心中最美的歌献给我们伟大的祖国母亲。先请男队献歌。

13. 学生进行"颂祖国"歌曲大联唱

参考歌名：《歌唱祖国》《我的祖国》《我和我的祖国》《我爱祖国的蓝天》《长江之歌》《我爱你，中国》《今天是你的生日》《红色娘子军连歌》《风烟滚滚唱英雄》《共产儿童团歌》《东方红》《春之声》《祖国颂》《洪湖水，浪打浪》《红星照我去战斗》等。

主持人男：保卫祖国，祖辈们披肝沥胆；支援边疆，父辈们义无反顾；勇攀高峰，我们会再创辉煌。

主持人女：为了独立，我们的祖辈与祖国并肩走过沧桑岁月；为了发展，我们的父辈与祖国携手经历风雨历程；为了辉煌，我们的身心与祖国一同步入经典纪元。

主持人男：不忘祖辈的故事，让鲜血撒向祖国的山山水水。

主持人女：创造我们的故事，让创新重写中国的辉煌明天。

主持人合：我爱我的祖国。

主持人男：请听配乐诗歌朗诵《我爱我的祖国》。

14. 学生配乐诗歌朗诵：《我爱我的祖国》

我爱我的祖国。

我的祖国，是我生下来睡的摇篮；

第七章 竞赛式主题班会

是我第一天上学去走过的石子路；

是我在少年宫乘过的旋转上升的火箭；

是营火晚会熊熊燃烧的篝火。

我爱我的祖国。

我的祖国，是吐鲁番的葡萄，哈密的瓜；

是海南岛的菠萝，天津的鸭梨；

是关中平川雪白雪白的棉花；

是长江两岸金黄金黄的稻谷；

是青藏高原胖墩墩的牦牛和绵羊；

是大兴安岭、小兴安岭笔直笔直的云杉和红松；

是集市上一堆一堆的竹笋一篮一篮的鸡蛋；

是百货公司里一个个大眼睛的布娃娃，

一件件花蝴蝶般的连衣裙。

我爱我的祖国。

我的祖国，是东海渔船的点点白帆；

是西山晚霞中的片片红叶；

是龙井兰花般浓郁香味的绿茶；

是景德镇蛋壳般透明的瓷器；

是黄河的波涛汹涌，长城的巨龙奔腾；

是云冈石窟的庄严，敦煌壁画的绚丽。

我爱我的祖国。

我的祖国，是屈原的诗歌，鲁迅的文章；

是张衡的候风地动仪，陈景润的数学皇冠的明珠；

是女排姑娘赢得世界冠军的金牌，登山队员插上珠穆朗玛峰的五星红旗。

我爱我的祖国。

我的祖国，是边防哨所战士枪口的准星；

是港口领航员帽沿上的国徽；

是国徽上天安门晴湛湛的蓝天，

蓝天下的鸽哨，鸽子回翔的华表和堆满鲜花的人民英雄纪念碑。

我爱我的祖国。

我的祖国，是描绘现代化蓝图的纸；

是指引前进方向的罗盘；

是传播文明的活字印刷；

是庆祝节日用火药制成的噼噼啪啪的鞭炮，

和向夜空喷洒的五彩缤纷的礼花。

我爱我的祖国。

我的祖国，是我爷爷播种庄稼栽培果树的960万平方千米的大地；

是我爸爸装卸集装箱吊放水泥预制板的100多米高的起重机；

是邻家叔叔婶婶修建的一幢一幢单元住房和天天升高的脚手架。

我爱我的祖国。

我的祖国，是用儿歌催我熟睡的奶奶；

是用乳汁喂我长大的妈妈；

是教我认读拼音字母、学会加减乘除的老师；

是让我戴上红领巾、听我回答"时刻准备着"的辅导员。

我的祖国就是这一切。

我爱我的祖国。

我爱我又古老又年轻的祖国。

我的祖国，正在走向振兴，走向繁荣。

为了祖国的强盛，人民的安康；

为了祖国的繁荣，人民的幸福；

为了祖国的社会主义现代化，人民的明天、后天和未来；

祖国啊，祖国，请告诉我，吩咐我，命令我——一个共青团员

我，应该做些什么，来光大我的祖国！

主持人合：祖国母亲，让我们永远与您同行；祖国母亲，让我们并肩携手

第七章 竞赛式主题班会

开创未来。

主持人男：让我们齐呼"祖国啊，我的母亲"，呼喊三次，预备——起！

全班齐声深情地呼喊"祖国啊，我的母亲"。班会结束。

（五）班会小结

> 爱国主义教育是主题班会建设的重要选题之一，要培养学生的爱国情操就要从点点滴滴开始，培养学生关心国家大事、读书读报的好习惯。
>
> 积极而有效的爱国主义主题班会，可以增强班级的凝聚力和正义感，这是一种对中学生成长极为有益的推动力，增强自身的民族荣誉感。

第八章 演讲式主题班会

演讲，对于学生来说一直是一项高尚的、益智的活动。演讲这种感情充沛、言之有物、观点新颖的活动的确能给人一种美的享受。

班主任根据当代学生的这一喜好，设计一些演讲式主题班会，是会受到学生一致欢迎的，如"十八岁的我""美和美的创造""关于代沟的思索"等主题。对于正在走向成熟的学生来说，演讲有助于确立先进的世界观，有助于突破羞怯心理的障碍，有助于培养良好的文化素质，当然也最有助于锻炼口才。

演讲类型：

- 一类是有准备的演讲。根据主题，先把演讲的内容写成稿子，然后按照演讲的要求反复练习。

- 一类是即席演讲。演讲者事先不知道演讲主题，这就需要有更扎实的基础。但也实在不必夸大即席演讲的难度，因为日常生活中几个人在一起的对话也是即兴式的，只是即席比较正式。

美国著名学者卡耐基认为：

> 在现代化的社会里，一个人不论在学校，或将来从事任何职业，当众说话都是不可避免的。如果老是畏畏缩缩或吞吞吐吐，词不达意，是不可能获得成功的。
>
> ——卡耐基

他引用心理学家詹姆士的观点说：

第八章　演讲式主题班会

> 普通人只发展了他蕴藏能力的十分之一，我们只利用了我们身心资源的一小部分。
>
> ——詹姆士

"有效的说话"就是当众演讲。对于班主任来说，要教会学生演讲。主要在于帮助学生突破恐惧紧张的心理，释放被束缚的智慧，获得自信，从而增强与他人交流的欲望。当然首先要教给学生一些最基本的演讲常识，如演讲时的态度、表情、手势等，使学生能够掌握这种最有用的人与人的"沟通的艺术"。

一、秉承五四，与祖国同行

（一）班会背景

爱国主义教育无论在青少年成长的哪一个时间阶段都是很重要的。

学生的思想越是接近成熟，就越要对他们进行爱国主义教育。虽然我们从小学起就对学生进行了爱国主义教育，但是那时我们的教育是感性的、肤浅的、被动的；而在高中生处于知识、阅历、思想日益丰富的时候，对他们进行爱国主义教育，则是理性的、深刻的、主动的，对他们正确人生观的树立有很大的好处。所以，爱国主义教育没有过时的问题，只有教育内容和方法是否得当的问题。

尤其是在政治格局日益多元化的今天，在各种传媒思想影响日益自由的今天，在各国交往从国家政治交往向国民交往变化的今天，热爱自己的祖国、为

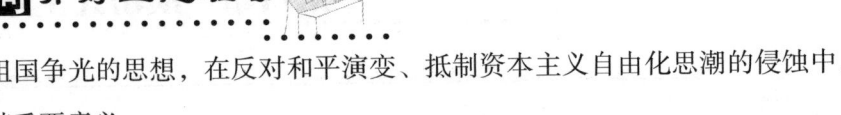

自己祖国争光的思想,在反对和平演变、抵制资本主义自由化思潮的侵蚀中,更有其重要意义。

(二)班会目的

1. 使学生正确认识自己的祖国,正确认识我们的国情,激发学生爱国热情。
2. 培养民族自豪感,激发学习进取心。
3. 筑牢反和平演变的思想堤坝,增强学生自觉抵制资本主义自由化思潮侵蚀的意识。

(三)班会准备

1. 收集整理与主题班会有关的资料,摄制新闻纪录片《中国航天大事记》。
2. 排练班会的各种文娱节目,使严肃教育与愉快的心灵享受结合在一起。
3. 安排学生写出自己的心得体会,如听国歌、观看升国旗时的感受等。
4. 准备班会要用的各种硬件设施,如录音磁带、光盘、电脑、音箱、VCD机、灯光和纸带等。
5. 安排好主持人和演员,并做适当的辅导,不打无准备之仗。

(四)活动纪实

1. 大型歌舞:《爱我中华》

(主题班会时间一到,就进行大型歌舞表演《爱我中华》,先把气氛活跃上来。人员相对多一点儿没有关系,这时不要求大家多么严肃,多么认真,只要自由、积极、主动就行。这是序曲。在歌舞中主持人上场,宣布主题班会开始。)

主持人男:听着这激越人心的旋律,我们心中涌起一股豪迈激越的感情——爱我中华!

主持人女:这舞蹈,这音乐,能够把人的心血点燃,燃烧成一个主题——爱我中华!

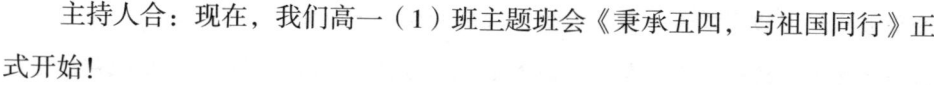

主持人合：现在，我们高一（1）班主题班会《秉承五四，与祖国同行》正式开始！

主持人男：又是一年五月，又是象征青年的时节。

主持人女：又见青春的骄阳，又见振奋人心的力量。

主持人合：五月，在中国，是一个有重要历史意义的时节。这个时节，穿越了世界历史的厚重，穿越了中国百年历史的沧桑，已经变成了我们血液中不可分割的一种感情了。五月啊，是热爱祖国的时节啊！

主持人男：此时此刻，让我们怀着庄严的感情，缅怀近百年前的那场开创中国新纪元的运动。

主持人女：此时此刻，让我们把深情的眼睛，投向永远的1919年。下面，请同学们观看历史纪录片《永远的五四》。

2. 缅怀五四，重温历史

播放录像。

《永远的五四》解说词

1918年11月，第一次世界大战以德、奥为首的同盟国失败而告终。1919年1月18日，英、美、法、意、日等27个战胜国在法国凡尔赛召开"和平会议"，讨论处理战后世界问题。实际上这次会议是战胜的帝国主义国家为宰割战败国和重新瓜分殖民地的一次分赃会议。当时的中国政府曾参加协约国对德作战。作为"战胜国"之一，中国政府委派外交总长陆征祥、驻美公使顾维钧、驻英公使施肇基等人为全权代表，出席巴黎和会。美国总统威尔逊在"和会"召开前，虚伪地宣称："民族自决""反对秘密外交"，要保护弱小民族，尊重殖民地人民的要求和一切国家互相保证政治独立和领土完整，充满了"和平""公理"的化身。经北洋军阀政府竭力宣传，许多中国人认为第一次世界大战是"公理战胜强权"，巴黎和会将主持"公理""公道"。中国代表在全国舆论的压力下，先后向会议提出取消帝国主义列强在华特权的七项条件，废除日本和袁世凯签订的

企图灭亡中国的"二十一条",收回山东主权等正当要求。可是在英、美、法等帝国主义国家的操纵下,会议不但否定了中国提案,而且悍然决定把战前德国在山东的权益转交给日本。巴黎和会的这一无理决定,对中国政府和中国人民是一个极大的侮辱。但是,北洋军阀政府的软弱无能,令中国代表在和约上签字。消息传来,激起全体中国人民强烈愤慨,爆发了以学生运动为先导的五四运动。

主持人男:好,录像就看到这里。看完录像之后,我们还要进行一个关于五四运动的知识竞赛。现在请各小组推荐一位同学,代表本小组和其他小组代表共同组成一支竞赛小队伍,进行有关五四运动知识的竞赛,以抽签必答和抢答为形式进行。哪个小组代表的得分最高,哪个组就为优胜组。

①五四运动的主要口号是什么?(外争国权,内惩国贼。)

②当时要求强烈惩办的3个卖国贼是谁?(曹汝霖,陆宗舆,章宗祥。)

③五四运动大体经历了哪两个阶段?两个阶段运动的中心、主力军和主要形式分别是什么?
 (从5月4日天安门集会到6月3日大逮捕为止,北京,青年学生,罢课集会;从6月3日大逮捕到6月28日拒签和约,上海,工人阶段,罢工、罢市、罢课。)

④五四运动标志着什么?
 (中国革命进入新民主主义革命时期或中国新民主主义革命开端。)

⑤能否对五四运动的历史意义作一个比较详细的说明?
 (五四运动是一场彻底的不妥协的反帝反封建的爱国运动。五四运动使中国工人阶级第一次以独立的姿态登上政治舞台,首次显示出巨大威力。五四运动促进了马克思主义与中国工人运动的结合,为中国共产党的成立做了思想上、干部上的准备。)

⑥我们纪念五四有什么重要意义?
 (我们纪念五四这个日子,不仅是回顾历史,更重要的是要从历史事件中得到启发和教育。五四运动昭示我们的是一个永恒的主题:爱国。)

第八章 演讲式主题班会

⑦我国从近现代开始曾经出现过四代爱国知识分子，他们分别给我们带来了什么？

（我国近现代曾经出现过四代爱国知识分子：以孙中山为代表的第一代知识分子，带回的是"革命"；以陈毅、邓小平等为代表的第二代知识分子，带回的是"民主"；以钱学森、邓稼先等人为代表的第三代知识分子，带回的是"科学"；以陈章良为代表的第四代知识分子带回的是"知识和技术"。他们在各自的时代都为祖国的民主、文明、富强做出了历史赋予的巨大贡献。）

⑧"爱国"是个永恒的主题，又是发展的概念，历史已经对我们提出了要求。如果说我们将是第五代的话，那么，我们应该为祖国做些什么？

（我们是处于新世纪的青年一代，面临多元化的世界格局，爱国的要求就是努力学习，早日成材，为中华民族的伟大复兴而读书、奋斗。具体来说，第一，关心国家大事，正确分析形势，明确自己的历史责任；第二，以"国家兴亡，匹夫有责"作为自己学习、工作的指针，全面提高自己思想道德素质和人文科学素质，努力学会学习、协作、生存、竞争。第三，要在社会文明和进步中努力发挥高中生的青春朝气和示范作用。总而言之，爱国不是空洞的口号和议论，而要靠实实在在的行动。所以，爱国要从我们在座的每一位同学开始，从今日开始，从身边的每一件小事做起。）

主持人男：感谢同学们的热情合作，知识竞赛就到此结束。让我们用热烈的掌声，向优胜组的同学表示衷心的祝贺！

主持人女：可是，在刚才进行知识竞赛的时候，我听见了一点点的不和谐的声音。这种声音，让我有一种蒙受羞辱的感觉。

主持人男：是什么呢？

主持人女：我听见下面有一位同学说：早知道我们现在要与日本友好交往，我们家里要用上日本的进口彩电，我们当初何必抗日？也许把德国在山东的权益转交给日本，对山东还是一个好处呢。听到这种说法，我简直像吞下了一只苍蝇，恶心啊！

主持人男：忘记历史，就是背叛。我不知道这是谁的想法，但是，我敢肯定地告诉你，只要是一个中国人，在这个问题上谁都不会含糊的。不信，你可以听一听下面这位同学的发言《如果不抗日》。

3. 学生演讲：《如果不抗日》

五十九年前的那一天，硝烟初散。痛未止，血未凝，可是伤痕累累的中国人站在千疮百孔、满目疮痍、饱受屈辱的黄土地上，狂喜地从胸腔喷出如雷呐喊："我们，胜——利——了！"记得在那激动人心的时刻，曾有一位年轻的战士喜极而泣，用颤抖的手写下肺腑之言："胜利是用鲜血换来的！"

然而，六十年后，一伙青年从抗日战争纪念馆出来时，其中竟有人慨叹中国人真笨，说："干吗要抗日啊？如果不抗日，说不定我们今天也跟日本人一样发财了。"不过，这话倒也并不新鲜，抗日初始不就有人说了嘛：抗日，是会亡国的，所以还不如"善邻友好""经济合作"来得好。"先见之明"者是谁？正是大汉奸汪精卫。

自然，半个多世纪前的那位战士是听不到这慨叹的，只怕想也是断然想不到的。昔日他们抛头颅、洒热血、至死不渝的追求，在当今某些人眼中居然是不屑一顾的，这仅仅是随时代变迁而观念在更替吗？不，不是的。这样的言论，实在让人感到火烙般的心痛、冰冻般的心冷。

当然，在那些没能在"大东亚共荣圈"中发财的人叹息时，没有钢刀架在脖子上，背后也没有皮鞭在呼啸，所以就能轻巧地说："抗什么日啊？"何况家里饭也管饱，身上也暖和，"饱暖思淫欲"，难免就会寻思："要是让日本统治，说不定现在也能弄辆丰田、蓝鸟开开了。"如此想来，抗日的胜利倒真是一桩"憾事"啊。然而，他们却不知道（或是健忘所致），在当时"优秀的大和民族"眼中，华人与狗是同等的。姑且不提鲜血淋漓的南京大屠杀，你不是要发财吗？好吧，那么去日本做工。可当时日本政府却又明令：华工上街不得讲话，不得东张西望，不得弯腰拾东西，不得……否则，不死也得脱层皮。那些华工的结局也都很悲惨，鲜有存活回国的，都觉得"昨天是生活在地狱里"。时至2004年，对日华工仍然在追索自己的昔日工资。可见，虽然"商女不知亡国恨"，却也可"隔江犹唱后庭花"；而中华儿女若做了亡国奴，就只能做不出声的牲畜。发财？那只能是幻想，性命也都朝不保夕。

第八章 演讲式主题班会

"如果不抗日……"这听起来又多像旧时不解事的娃娃埋怨他的母亲:"你为什么不是财主家的佣人呢?那我恐怕也能穿绸子啦!"这定是要被骂混账的,因为父母做了奴隶,子女绝对不会是少爷、小姐。自然奴才也可能得宠,主子一高兴说不定还会给点儿好处,啃点儿剩骨头,然而终究摆脱不了被打骂、挨拳脚的厄运。

那些说"如果不抗日……"的人们,可听一听鲁迅的告诫——就是自己还可不做工,不被打杀,但子孙们却注定要做最繁重的工作,住最破陋的屋子,吃最坏的残羹冷炙,做最下等的人。可见奴性即使可暂时苟延残喘,但最终必然走上灭亡之路。有骨气者,自强不息者,虽可能受打击、遭杀戮,却有了强大的求生的希望。

或许,说"如果不抗日……"的人又要说了:"那是以前,现在不是不同吗?搞活经济嘛!有了强国做靠山,不好吗?"似乎是"好"呀。世界上总有些小国靠着富亲戚而变阔。可仔细看呢,却很可怜,笑嘻嘻的脸上藏不住无奈,毕竟看人脸色过日子不是滋味呀。正如一句话:"美国一感冒,有人要发烧。"我想这"发烧"的多半是依附的穷亲戚吧!

在浴血奋战取得独立后的今天,有人说:如果不抗日,说不定我们也跟日本人一样发财了。如果仅是玩笑,未免太失分寸;若真有此心,则这般"奴性"委实是可怕的。中国已经恢复对香港、澳门行使主权,这是民族自强的结果,是中国屈辱的终结。此时说什么"如果不抗日……"岂不与眼下有人所说的——"如果当时都在大英帝国统治下,说不定今天中国也都像香港了"这昏话同出一辙;而这又难道不是用挨几巴掌去换得一点儿糖果安慰的奴才话吗?不!铮铮中国人,脊梁应是长城般坚实不屈的。

枪声息了,炮火灭了,伤口自结了疤痕。然民族之间的竞争是永不停息的。在这场没有硝烟的"战争"中,我们应牢记历史,不忘国耻。因为"忘记过去,就意味着背叛!"

主持人男：真是道理不辩不明啊！感谢xx同学的精彩演讲，帮助我们澄清了思想上的认识！让我们用热烈的掌声，向他表示感谢！（带头鼓掌。）

主持人女：正义的思想，往往激发的是正义的力量。接下来我们班上那些喜欢耍刀弄枪的男生要给我们献上一个舞蹈，大家掌声欢迎！现在，请欣赏男生舞蹈《大刀进行曲》。

4. 男生舞蹈：《大刀进行曲》

主持人男：胜利是用烈士的生命换来的，今天的幸福是前人的血汗换来的，我们不能割裂了历史来谈自己的幸福生活。忘记历史，就意味着背叛。

主持人女：我想，对于那些头脑容易忘记的人，我们有必要让他们经常听听我们的国歌。国歌，往往能够给人一种积极向上的进取力量。

主持人男：好，下面我们进入班会第五个环节"听国歌，谈感想"。先请大家仔细聆听国歌的召唤，然后我们自由发言，来谈谈自己对国歌的认识，谈谈自己的感想。现在开始播放国歌《义勇军进行曲》。

5. 听国歌，谈感想

国歌：鼓舞我们从胜利走向胜利。

学生1：我国的国歌，雄浑豪放，气势磅礴。它记录着中国人民英勇的战斗历程，使人振奋，促人向上，是最好的爱国主义诗篇。唱起国歌，听到国歌，总会使人油然而生爱国之情。

学生2：国歌诞生在中华民族最危险的时刻，最初叫《义勇军进行曲》。那时，山河破碎，苦难的人民生活在侵略者的铁蹄之下，命运悲惨。《义勇军进行曲》唤起不愿做奴隶的人们，在党的领导下，拿起枪杆，万众一心，奔赴抗日前线。大家冒着敌人的炮火前进，用自己的血肉筑起了一道保卫祖国的坚固长城。人们唱着《义勇军进行曲》，浑身长劲，同仇敌忾。经过浴血奋战，终于战胜了

第八章 演讲式主题班会

日本侵略者,赢得全中国、全民族的解放。所以有人说,《义勇军进行曲》本身就有一种催人奋发的力量。到现在,每听一次,都能够使我们的热血上涌。

学生3:中华人民共和国成立后,《义勇军进行曲》被定为国歌。它虽然诞生在战火纷飞的年代,但对生活在建设时期和和平环境里的人们来说,同样具有很大的意义,它使人抚今思昔,居安思危。

学生4:我曾经听一些爷爷、奶奶说,国歌在他们心中有一种特别的情感。许多老同志每每听到它,就仿佛看到了那弥漫的硝烟、闪光的战刀,听到了隆隆的炮声、雄壮的号音,似乎又回到了那杀声阵阵的战场,体验到同志间同生共死的阶级友爱和民族感情,促使他们百倍努力为党、为国家工作,在有生之年,多为祖国做贡献。

学生5:国歌促使我们重温历史,牢记教训国家贫穷落后,是要被帝国主义欺侮的,是要挨打的。这就告诫我们青年要锻炼出强健的身体,随时准备歼灭一切敢于侵犯我们祖国的敌人。

学生6:我曾经在报纸上看到这样的一篇文章,说海外同胞听到我们的国歌,就像游子听到母亲的召唤一样,使他们感到格外亲切、无限幸福。他们中有的人不惜放弃优越的生活环境,踏上归途,回到阔别多年的故乡,把自己的知识、力量献给祖国四化的伟大事业。有的虽生活在海外,却时时关心祖国的前途,为祖国的建设筹备资金,广泛宣传社会制度的优越性。所有这些,不正显示出了国歌的强烈感召力吗?

学生7:当前我国的国际威望不断地提高,我国的领导人出国访问,当检阅仪式上响起我国国歌的时候,我们为"朋友遍天下"而自豪。当体育健儿为祖国赢得荣誉,听到发奖仪式上伴随五星红旗升起而高奏国歌的时候,中华儿女哪个不豪情满怀、激动万分呢?我们的国歌将永远鼓舞中华儿女从胜利走向胜利!

主持人女:大家的发言真精彩!国歌就是国歌,经过血与火洗礼的国歌,将永远引导着、鼓舞着我们中华儿女从胜利走向胜利!从辉煌走向辉煌!

主持人男:现在我们中的一部分人不论讲到什么都是外国的好,仿佛别国土地上的阳光也比我们国土上的灿烂。当然，国外的东西有的确实比我们的好，但也不是什么都好。

主持人女：各个民族都有起源的背景，也都有长处和短处。没有一个民族会是十全十美的，也没有一个民族一无所长。当这些爱赞颂外国的人滔滔不绝地谈论外国的东西如何好时，甚至连同一个月亮，都是外国的明亮时，是否想到自己也有一个可爱的祖国、优秀的民族，自己还是这个民族的子孙？

主持人男：这几年，由于网络的使用，媒体的炒作，让大家对一些洋节日感兴趣了，而把自己民族的传统节日忘记了。据调查，现在有85%的中学生知道2月14日是西方情人节，而知道中国农历七月初七为何节日的人不到26%。爱祖国，就应该爱我们的民族文化，爱我们的传统文化节日。

主持人男：在我们的传统文化里，爱国就是永远的主题。多少历史名人，曾经说出过那些感人肺腑的话语，借此机会，我们来温习一下，好不好？下面，请欣赏音乐小品《历史人物的经典名言》。

6.音乐小品：《历史人物的经典名言》

（播放音乐《十面埋伏》作为背景）

人生自古谁无死，留取丹心照汗青。（学生1饰演文天祥上）

壮志饥餐胡虏肉，笑谈渴饮匈奴血。（学生2饰演岳飞上）

位卑未敢忘忧国，事定犹须待阖棺。（学生3饰演陆游上）

各国变法。无不从流血而成，今日中国未闻有为变法流血者，此国所以不昌也。有之，请自嗣同始。（学生4饰演谭嗣同上）

寄意寒星荃不察，我以我血荐轩辕。（学生5饰演鲁迅上）

金瓯已缺总须补，为国牺牲敢惜身。（学生6饰演秋瑾上[手握长剑]）

各出所学，各尽所知，使国家富强不受外辱，足以自立于地球之上。（学生7饰演詹天佑上）

第八章 演讲式主题班会

国家如有难,汝应作前锋。(学生8饰演陈毅上)

为了新中国,冲啊![学生9饰演董存瑞(抱着炸药包)上]

我要回到我的祖国去,我的祖国在呼唤我。(学生10饰演钱学森上)

旁白:这是一个被美国海军次长金波尔说"无论在哪里,都抵得上五个师"的人,我们新中国的"导弹之父"钱学森。

主持人女:奔波千里,钱学森爷爷从美国回来,他放弃了那里优越的研究条件,一心回到新中国,从零开始从事着新中国的科技事业,牵引着他的,是什么呢?是一颗热爱祖国的中国心啊。下面,请听男声独唱《我的中国心》

7. 男声独唱:《我的中国心》

主持人男:一首深沉的歌,拨动了多少人心底的思念。当年香港歌手张明敏在春节联欢晚会上唱了这首歌之后,这首歌,已经在多少人心中震撼过了,有多少人,曾经为"我的中国心"流过泪,洒过血。

主持人女:我们班,就有一个特别喜欢这首歌的同学。现在,我们请他来谈一谈心中的感受。大家掌声欢迎!

8. 学生谈听歌感受:《愿我们都有一颗中国心》

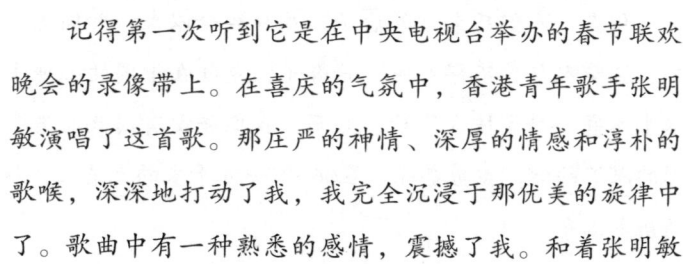

我是比较喜欢音乐的。可也真怪,有的歌,我唱一两遍就腻烦了;而有的歌,无论唱多少遍,都嫌唱不够,不管隔了多久,我还常常轻轻地哼唱,《我的中国心》就是这样一首歌。

记得第一次听到它是在中央电视台举办的春节联欢晚会的录像带上。在喜庆的气氛中,香港青年歌手张明敏演唱了这首歌。那庄严的神情、深厚的情感和淳朴的歌喉,深深地打动了我,我完全沉浸于那优美的旋律中了。歌曲中有一种熟悉的感情,震撼了我。和着张明敏的歌声，我轻轻地唱：

河山只在我梦萦

祖国已多年未亲近

可是不管怎样

也改变不了我的中国心……

其实，岂止我一个人在唱，这首歌，从台上到台下，从中央电视台的演播大厅到电视屏幕前的观众，从首都北京到祖国的四面八方，有多少人在高歌，有多少中华儿女的心随着深沉的节奏一起跳动！

我唱着，我也想着，一首短短的歌曲，为什么会有这么大的力量，为什么会激起亿万人的共鸣？唱着，唱着，我明白了：

> 因为我们都是中国人，因为歌里凝聚着中华儿女对祖国深沉的爱，凝聚着海外赤子对祖国母亲的一片深情！

我们的祖国是可爱的，她有着960万平方千米的土地，有着旖旎奇妙的自然风光，白雪皑皑、高插云霄的珠穆朗玛峰；碧波荡漾、神奇秀丽的漓江山水；驼铃丁当、黄沙似海的塞外风光；河网纵横、青翠如染的江南平原……这些，世界上有哪一个国家能比得上？

我们的祖国是伟大的，她有五千年的文明历史。五千年前，当西方世界大部分地区还处于洪荒时，我们的祖先，就已经在肥沃的土地上，从事渔猎、驯养和农耕，播下文明的种子；当西方世界刚被开发时，长江水畔，黄河岸边，我们的祖先，就已创造了累累的文化硕果；优美典雅的《楚辞》，是名垂千古的绝唱；天下无二的古长城，精妙绝伦的赵州桥，巍峨盖世的都江堰……这些又有哪一个国家能比得上？

但是，我们后来却落后了。鸦片战争以来，帝国主义的铁蹄践踏着锦绣河山，"华人与狗不得入内"的牌子，竟挂在中国的土地上。这导致我国生产力水平不高，科学技术落后，然而，我们并没有因此而失去信心。我们怀着对祖国的深沉的爱，英勇奋斗。在960万平方千米的土地上，描绘出一幅幅动人心魄的历史画卷。

第八章　演讲式主题班会

我们懂得了昨天,就会无比地珍惜今天;我们把握住了今天,就能迎接更加辉煌的明天!

正因为如此,十九亿人民才能意气风发,团结一心干四化。正因为如此,我们的一些海外侨胞,才会远涉重洋,返回家乡,不能回来的,也面对着汹涌澎湃的海洋,或站在高高山峰上,遥望祖国,思念家乡,甚至临终前对子孙千叮咛、万嘱咐,要把骨灰撒在家乡的土地上。也正因为普天之下的中华儿女有着这种强烈的民族感情,在强手云集、粤语风行的歌星大赛中,张明敏才得以取得成功,使"中国心"响彻四方!

可是,我们有些青年人,不懂得祖国的昨天,不理解祖国的今天,他们迷信西方所谓"民主""自由",留恋于西方的金钱、享受。朋友,你可千万不能这样。当你糊涂的时候,请你想一想祖国的过去、现在和将来;当你迷惘的时候,请你听一听张明敏的《我的中国心》吧。你一定会从中受到教益,获得力量!

中国心,赤子之心,一颗对祖国母亲深切眷爱的心!海外侨胞尚如此,我们呢?生长在祖国母亲怀抱中的青年就更应该为她而努力。这是时代的使命,这是中华儿女的神圣职责!

让我们和着张明敏一起放声高唱:

> 流在心里的血,
> 澎湃着中华的声音,
> 就算生在他乡,
> 也改变不了我的中国心。

主持人男:朋友们,愿我们大家都有一颗中国心!发自肺腑的语言,诉说着我们对祖国的感情——祖国,我们爱你。

主持人女:无论我们身在哪里,牵挂着我们的,永远是祖国——母亲。下面,请听海外游子对祖国的思念。请欣赏配乐散文朗诵《祖国在我心中》。

9. 配乐散文朗诵：《祖国在我心中》

老师：

您好！我在遥远的布鲁塞尔给您写信。这里虽然风光旖旎，充满异国情调，但它系不住我的心。三个月来，我时时想到祖国，想到同学，也想到您。你们也常进入我的梦境，抚慰我的缕缕乡思。

您知道，我的祖母原来是个比利时姑娘，和我祖父结婚不久，便同往中国，加入了中国籍，并在中国定居了20年之久。现在她回到故国，仍然保持着中国国籍。至于我，尽管身上混有异国的血液，却是一个地道的中国姑娘。离开祖国，我才深深感到我对祖国爱得多么深！祖国原来就在我心中！在这里看到几次关于中国的事物，更加激起了我对祖国的思恋。

一次是在参观一所比利时学校的时候。在比利时，每所学校，一个月内有两个星期六的上午对外开放，并有老师和学生轮流接待前来参观的人们。我的表姑娜妮是一所中学的化学教师，那次她引导我参观了她们学校的实验室和教室。当我走进历史教室时，老师正在给学生讲中国的历史，教学电影正好放映中华人民共和国的开国大典。当银幕上出现毛主席站在天安门城楼上向群众招手的场面时，学生中响起一片掌声，我更是激动不已。"中华人民共和国中央人民政府今天成立了！"全世界都回荡着毛主席那洪亮的声音。

另一次是在最近度假的时候。现在正是比利时一年一度的全国性的假期。一进入假期，布鲁塞尔市区一下子宁静了，孩子们的吵闹声、汽车的马达声都明显地少了。人们都开车去乡村、森林、海边玩。我们去北海边度假，欣赏海岛城市特有的风光。当我坐在柔软的沙滩上，遥望海面上点点白帆，近看那些躺在海滩上享受日光浴和在大海里畅游的人们，我不由得想起了秦皇岛海滨，那湛蓝的渤海是我的大浴池，那柳林间的小鸟是我的知音，我简直以为再走几步就会看到万里长城的起点——山海关的老龙头，看到浪花飞溅的北戴河的老虎石！

老师，您不会笑我痴吧？这座城里，还套着一个小城，我叫它"比利时的威尼斯"。这里的一条小河在城中形成一个环形，环外和环内的小城有小桥连接着，人们划着船在河上游来游去。令人惊喜万分的是在小河西面的一个庭院里，我意外地发现了中国四大发明家的石雕像。我和父亲一起给表姑、姑父及表弟们讲四大发明时，旁边有几个人向我们投来了羡慕和赞赏的眼光。您知道当时我是多么激动吗？我为我是一个中国人感到自豪，我更为祖国感到骄傲！她为人类历史的发展做出了多么杰出的贡献啊！

老师，再有三个月，我就要重新回到您的身边，回到祖国的怀抱。现在，我周围的人都是我的法语教师，我已经能和比利时的孩子们交谈了。我爱祖母的祖国，这里的人们对我们中国人是非常友好的；但我更爱我的祖国。此时，如果有谁问我的理想是什么，我将毫不犹豫地回答：我愿化为一座桥梁，连接中比友谊，让两国人民的友谊万古长青。写到这里吧。祝您：
身体健康、工作顺利！

　　此致

敬礼！

您的学生：××
××年×月×日

主持人女：文章就朗诵完了？我啊，还沉浸在作者优美的文笔和对祖国深情的热爱上呢！

主持人男：还沉醉啊！我考你一个问题，中国神州五号载人飞船是什么时候飞上天的？

主持人女：2003年10月15日。

主持人男：说得不错。但是你知道我们中国为了这一天，经过了哪些曲折历程吗？

主持人女：好，好些同学纷纷地举手了。现在，请观看新闻纪录片《中国航天大事记》。

10. 观看新闻纪录片：《中国航天大事记》

解说词：

| 1956年10月8日，我国第一个火箭导弹研制机构——国防部第五研究院成立，钱学森任院长。开始了我国一穷二白的科学研究。 |

| 1964年7月19日，我国发射了第一枚内载小白鼠的生物火箭，地点在安徽的广德境内。这次的发射成功，使我国空间科学探测研究迈出了第一步。 |

| 1968年4月17日，我国航天医学工程研究所成立，开始选训航天员和进行航天医学工程研究工作。 |

1970年4月24日，实在是一个值得纪念的日子。这一天，我国第一颗人造卫星——东方红一号——用长征一号运载火箭发射成功了，我们成为世界上第五个能够自行发射人造卫星的国家。

1975年11月26日，我国首颗返回式卫星发射成功，成为世界上第三个掌握卫星返回技术的国家。这些成功，为我们的人造载人飞船的上天，做了技术上和思想上的准备。

1979年，"远望"一号航天测量飞船建成并投入了使用。
1985年，我国正式宣布：长征系列运载火箭将投入国际商业发射市场。

1990年4月7日，长征三号运载火箭成功地为美国发射了"亚洲一号"通讯研究卫星。同年7月16日，长征二号捆绑式火箭首次在西昌发射成功，其低轨道运载能力达到了9.2吨，为航天器的发射打下了坚实的基础。这时候，我们载人航天飞船已经呼之欲出了。

1992年，我国载人飞船正式列入国家计划，并被定名为神州号飞船。
1999年11月20日，我国在甘肃酒泉用长征系列火箭成功地发射了神州一号实验飞船，一天后顺利按照计划和要求回收。紧接着，在2001年的1月10日，神州二号飞船发射升空，7天后返回舱成功返回地面。

2002年3月25日、2002年12月30日、2003年1月5日，我们连续三次发射了神州飞船。

2003年10月15日，这一天，全世界为之瞩目。这一天，世界记住了一个飞行员的名字：杨利伟，中国第一个载人飞船的航天员。这一天，我们奋斗了几代人的飞行之梦实现了。中国成为继苏联、美国之后的，当今世界上第三个掌握载人航天飞行的国家。

2005年10月12日，我国成功发射第二艘载人飞船神舟六号，并首次进行多人多天飞行试验
2008年9月25日，"神舟"七号飞船在内蒙古预定区域着陆，顺利回收。
……

主持人男：成功了！伴随着这一声欢呼，多少豪情从我们心底奔腾而起。是啊，作为中华民族的儿女，我们为自己的祖国感到骄傲，感到自豪！

主持人女：成功啦！我听到全世界所有的华人，心里奔出的一句自豪的话："这就是我们可爱的中国！"

主持人男：激情点燃岁月，岁月培育着激情。在这喜悦的日子里，我们怎能不激情万分地高喊着："我爱你，中国！"

主持人合：让我们一齐欢唱《我爱你，中国》。

大合唱：《我爱你，中国》

班会结束。

（五）班会小结

班会总结

把一次班会开成荡气回肠的激情演唱，把一次班会开成学生热泪盈眶、衷情倾吐的机会，把一次班会开成学生记忆中最深刻、最快乐的时光……这常常是我们主题班会设计时的梦想。

一次成功的主题班会我们可以学到很多东西：一是要采用活泼的班会形式，可以极大地调动学生的积极性；二是内容要新鲜新颖，更多地联系学生的生活实际，贴近学生。

二、超越自我，创造未来

（一）班会背景

现在的学生，心理上的缺陷很多，如羞怯、懦弱、自负、暴躁、脆弱等。性格不是很健全，对自我认识不是很清楚，容易走向极端。尽管有很多东西可以理解，在成长过程中也是客观存在的，但是毕竟不利于他们身心健康成长。鉴于此，我们设计并组织了这次主题班会。

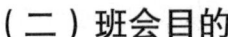

（二）班会目的

1. 克服学生心理弊端，培养健康健全的人格。
2. 形成良好的人际交往氛围，优化成长环境。
3. 增强学生认识自我的能力，增强学生控制自己不良行为的能力。

（三）班会准备

1. 找相关的资料，准备相应的班会材料。
2. 安排学生写一篇有关个人烦恼的文章，增进师生间沟通。
3. 开设心理咨询课程，帮助学生解开心灵难题。

（四）活动纪实

主持人男：青春年少的我们憧憬着美好的未来，而未来就掌握在自己手中。

主持人女：我们对生活充满了激情、幻想，生活在我们眼中是一片灿烂的阳光。

主持人男：我们渴望自己能够拥有一片美丽的蓝天，我们渴望自己能够超越自我，创造出更加美好的未来。

主持人女：我们渴望自己像凤凰一样浴火重生，渴望像蚕一样羽化出新的自我。

主持人合：现在，就让我们把自己的思想打开，去大胆地设计我们的未来吧。我们的主题班会《超越自我，创造未来》现在开始！

主持人男：说起超越自我，说来容易做起来难啊，就是世界伟人，也一样面临着超越自我、战胜自我的困难。不信，请听××同学的故事《最难战胜的是自己》，让事实说话。

第八章 演讲式主题班会

1. 故事里的人生：《最难战胜的是自己》

曾担任过美国总统的安德鲁·杰克逊在妻子逝世后对自己的健康状况非常担忧。他的家人中已有好几个人死于瘫痪性中风了。杰克逊认定他也会死于这种病症，因此，他一直在阴影中极度恐慌地生活着。

有一天，他正在朋友家与一位年轻的姑娘下棋，突然手就垂了下来，整个人看上去非常虚弱，脸色发白，呼吸沉重。他无力地说："它还是来了，我得了中风，我的整个右腿瘫痪了。""你怎么知道的？"和杰克逊下棋的那位年轻姑娘问他。"因为，"杰克逊回答，"刚才我在我的右腿上捏了几次，但是一点儿感觉都没有。""可是，先生，"那位姑娘说，"你刚才捏的是我的腿啊！"

人很多时候能战胜强大的外部压力，却无法挣脱自己内心的那一方阴影。于是，哲人感叹地说：人啊，最难战胜的是他自己！

主持人男：是啊，人最难战胜的是自己。战胜自己的思想弊端，战胜自己的各种欲望。可是这太难了。比如说网络，就使多少同学不能够控制自己。

主持人女：网络诱使许多对事物辨别能力差的人走向无底深渊，当今"电子海洛因"对青少年的毒害很大，这已经是不争的事实。我们同学们关键是如何控制自己，把握自己。

主持人男：那些沉迷于网络黑洞里的同学们，当你进入网吧、手握鼠标时，请先把握好自己的心态，充分利用好网络资源而不是被网络所控制、所奴役。

主持人合：切勿让网络这张大网网住手脚，束缚心灵，不要为网吧里那些看不见的陷阱而丧失自己的花样年华！

主持人女：下面请听同学们的肺腑之言《把握自己》。

2. 学生演讲：《把握自己》

同学们：

大家好！

我们可能都知道这样一件事：xx市一名高三学生在一家网吧玩游戏时不幸猝死。经医生现场鉴定，这名学生猝死时脸色发白，心跳、脉搏、瞳孔反射等生命体征全无，属典型的因过度兴奋而引发心脏病的死亡。

尤其让人痛心的是，在该生父母的眼里，儿子却是个中规中矩的好学生。上午7点离家"上学"，中午12点30分放学回家，下午1点15分"上学"，放学后又准时回家，让做家长的特别省心。直到儿子猝死在网吧里，他们才恍然明白，其实"听话"的儿子只是在做样子，根本就没到学校上课。

网络造就过人才，也诱使过许多对事物辨别能力差的人走向无底深渊。当今"电子海洛因"对青少年的毒害很大，这已经是不争的事实。有的同学沉迷于网络游戏不能自拔，学习成绩因此一落千丈；有的青少年因长期泡网吧，导致视力严重下降，甚至视网膜脱落；还有人受不良信息的影响，竟铤而走险，走上了盗窃、抢劫的犯罪道路，有的地方甚至发生了杀人或自杀的恶性事件……

> 心若改变，则你的态度改变；态度改变，你的习惯也跟着改变；习惯改变，你的性格跟着改变；性格改变，你的人生也随之改变。
>
> ——马斯洛

第八章 演讲式主题班会

可以说上面这条准则放之四海而皆准，对任何情况下的任何人都适用，最为关键的在于你如何把握好自己的心态。网络就好像一把双刃剑，是将其刺向无知与鄙陋，还是把它插入自己的胸膛，这完全取决于你自己。

同样置身于Windows的蓝天白云之下，芸芸众生却是千姿百态。有人直奔QQ与网友天南海北胡思乱想，有的人则愿意钻到"榕树下"去享受来自文学殿堂的缕缕清风；有人在"星际争霸"中忘乎所以，也有人登录时事在线坐观天下风云；有人以网络为依赖，泡在网吧里乐不思蜀，也有人视网络为知识琼浆，开怀畅饮。

青春年少的我们憧憬着美好的未来，而未来就掌握在自己手中。那些沉迷于网络黑洞里的同学们，当你进入网吧、手握鼠标时，请先把握好自己的心态，充分利用好网络资源而不是被网络所控制、所奴役。切勿让网络这张大网网住手脚，束缚心灵，不要为网吧里那些看不见的陷阱而丧失自己的花样年华！

把握自己，珍惜青春。现在，我请沉迷网络不能自拔的同学做一个虚拟软件下载：第一步，松开你紧握鼠标、疯狂点击的右手；第二步，按下回车键，"回"到知识殿堂，重新回到你正常的生活轨道；第三步，点击关闭系统，然后静心想想为你日夜操劳的父母，想想被你荒废的学业，想想曾被你虚掷的青春时光，想想当初的雄心壮志；第四步，重新启动人生的电脑，在五彩缤纷的人生桌面上迅速点击你真正需要的人生图标。如此这般，那么，恭喜你已成功地下载了"沉迷网络自救"软件。

良药苦口利于病，忠言逆耳利于行。同学们，希望大家能从百忙之中抽出一点儿时间下载一套"把握自己"的"病毒防火墙"，让你的心灵坚不可摧，让你的人生无懈可击。把握自己，就是把握好自己的人生航向；把握自己，就是给自己的未来一片蔚蓝晴空！

谢谢大家！

主持人男：我们有很多事情可以做得更成功，我们有很多的机会可以更好地抓住，可是，由于我们自己害怕许多没有发生的事情会伤害自己，于是拿不出勇气去做，结果人生就留下了许多遗憾。

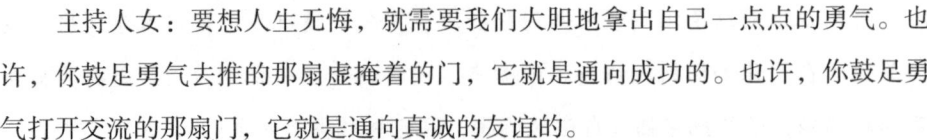

主持人女：要想人生无悔，就需要我们大胆地拿出自己一点点的勇气。也许，你鼓足勇气去推的那扇虚掩着的门，它就是通向成功的。也许，你鼓足勇气打开交流的那扇门，它就是通向真诚的友谊的。

主持人合：生活完全可以改变，仅仅是需要我们拿出一点点的勇气。

主持人男：下面，请欣赏演讲《我们需要的仅仅是一点点勇气》。

3. 学生演讲：《我们需要的仅仅是一点点勇气》

各位老师、同学们：

下午好！今天，在这里我想对大家说的是：有时，我们需要的仅仅是一点点勇气。是的，我们常常期待着成功的降临，但总是以较多的时间静静等待成功。我们也不相信会有天上掉馅饼的美事，但大多数时候似乎谁也不愿意多拿出一点点勇气去实现自己的目标。

一位名叫马维尔的记者曾经这样采访林肯："据我所知，上两届总统都想过废除黑奴制度，《解放黑奴宣言》也早在他们所在的时期就已草拟完成，然而他们都没有签署。请问总统先生，他们是不是想把这一伟业留给您去成就美名？"林肯笑道："可能有这个意思。不过，如果他们知道拿起笔签署它，需要的仅是一点儿勇气，我想他们一定十分沮丧。"

林肯对马维尔所说的话是有一定的"背景"的。林肯还小时，父亲的一处农场上散落有许多石头，这也是林肯的父亲得以用十分低廉的价钱买下这一农场的原因。一日，林肯的继母建议将那些石头搬走，但林肯的父亲说，如果可以搬，主人就不会将其出卖。就这样，那些石头就一直立在那儿。直到有一天，林肯的父亲去城里买马了，在继母的再次提议和带动下，那些石头很轻易地就被林肯他们搬走了。其实，那些石头并不是林肯父亲想象中的山头，而是一些孤零零的石块，只要往下掘一英尺，就可以使它们一一晃动。林肯曾就此告诉友人，有些事情，一些人之所以不去做，只是他们认为不可能成功。实际上，有许多不可能，只存在于人的想象之中。

第八章 演讲式主题班会

当年采访林肯的马维尔在76岁的时候,才知道林肯幼年的这件事,那时,他才懂得林肯在接受采访时说的那番话的真正含义,也就在那一刻,马维尔正式决定学习汉语。令人惊讶的是,两年后,他在广州竟然能够用流利的汉语采访孙中山先生。

林肯和马维尔的经历与经验告诉我们,有时候,要想获得成功,我们需要拥有的,也许仅仅只是对勇气的一点儿展露。

坚定正确的勇气是一种生生不息的希望。在现实里,我们总是一味期望成功,却总是不肯动脑子去思索怎样才能成功,求得成功的真正秘诀。当我们失败的时候,也总是不肯或不能真正理智地面对,及时找出失败的原因,以便让自己反败为胜。于是,我们在成功门前,由于失败的打击,总是徘徊不前,无法走出阴影与泥潭。

我们应该拿出足够的勇气面对生活,并且更应抱着一种坚定不移的勇气(也是一种不渝的信念)热爱生活。在我们得意的时候,能够有勇气寻找自己的弱势,不断地思索前进的方案,而绝不停滞在一时的辉煌氛围中,以致徘徊不前;在我们失意的时候,更应拿出勇气重新审视自身价值,冷静地思考应对失败的方法,这样才能另辟蹊径,昂然前行;在我们茫茫然然不知所措的时候,特别是在我们庸庸碌碌的时候,也应有足够的勇气打破沉寂的空气,突破自我,超越自我。

我们在生活中常说的"机遇"一词确实存在,但机遇从不等待人,大凡成功的人也都从不刻意去等待机遇。他们所以能够成功,往往只是由于他们比别人多付出了一点儿决心、一点儿行动、一点儿勇气而已。林肯的一生,起起落落,却总能屡败屡战,屡战屡起,靠的无非是自己坚定的信念和不灭的勇气。林肯说:"每个人都应有坚忍不拔、百折不挠、勇往直前的使命感。努力拼搏是每一个人的责任,我对这样的责任怀有一种舍我其谁的耐心、毅力和信念。"责任、使命感、勇气,共同构成了一位世界级伟人成功的三要素,也构成了一位年迈的老记者攻克语言难关的成功门票。勇气是可贵的,没有勇气注

171

入的人生，断定永远不会是幸福如意的人生。

千百次困难，千百次勇气；千百次跌倒，千百次昂然傲世。

是的，勇气是成功的试金石，因为，有时只要拿出那么一点儿勇气理智面对，你就能将失败和平庸一一拒之于门外！

谢谢大家！

主持人女：有这么一句话说，我们能够战胜铁与火的社会，但是却很难战胜血与肉的自我。

主持人男：还有这么一句话说，我们攀越了万丈高山，却攀越不了一米多一点儿的人身自我。

主持人女：是啊，认识自己是困难的，自我把握又是人生更高的境界。我们需要的是学会不断地控制自己，把握自己。没有人天生就能成功，他总是靠后天的努力才成就一翻丰功伟绩。

主持人男：现在，我们来学习一下如何控制自己的情绪，如何控制自己不轻易地发怒。让我们懂得什么时候学会发怒，什么时候隐忍自己的怒火，做到收放自如。首先，我们来做一个实验。下面有一些选择题，请同学们根据自己的实际情况做答。答完后我们再告诉大家评估方案。

4. 测试你的忍耐力

其实，对待发怒有较好的方法。回答以下问题，对症下药就能找到解决的办法：

(1)你的父亲不让你去参加音乐会一睹歌星风采。当你问为什么时，他的回答是"因为你必须听我的"。你：
A．沉着脸找出一个较好的借口。
B．把电视遥控器扔到他面前，然后转身回房。
C．耸耸肩。

第八章　演讲式主题班会

(2)当你邀请你喜欢的男生(女生)外出时,他(她)答应了。计划周五晚上去看电影,但他(她)打电话给你,提出会在开演前晚到一个小时,因为他(她)妈妈让他(她)去出席弟弟的钢琴表演会。你很生气,你会说:
　　A．"这听起来太酷了,祝你愉快!"
　　B．一言不发,默默地挂断电话。
　　C．"真有你的,好吧,咱们再找时间吧。"

(3)当你在一家超市排队付款时,一位比你大的顾客挤到你前面,你会怎么做?
　　A．大吼:"后边去!不要脸!"并用胳膊肘把他拱到一边去。
　　B．用手拍拍他的肩,微笑着用手指指队伍后边。毕竟,他年岁比自己大,或许有什么急事。
　　C．不加理会,继续欣赏超市里放的音乐。

(4)在化学实验室,你的同伴把一些水倒错了长短杯,致使整个实验白做了。你:
　　A．建议你的同伴做事不要毛手毛脚,然后向老师求助。
　　B．神经质地大笑。
　　C．称你的同伴是坏事精,并叫他在这节课的其余时间待在教室后边的角落里,不要出来。

(5)尽管你最好的朋友也有车,可她从没有开过车,当她问及你周六何时去接她时,你说:
　　A．"下午七点。"
　　B．"我觉得这次该你来接我了。"
　　C．"开上你自己那可恶的车,难道我是你的司机吗?"

(6)自从你与朋友第一次约会后至今已经过去了6个月,他(她)曾答应送你一份丰厚的纪念礼物,结果却什么也没给你。你的反应如何?
　　A．"我不相信你会这么做!你原来是个不守信用的人,我现在才真正了解你。忘了吧,咱们的关系到此为止。"
　　B．"你骗人!我希望在和你说话时你把我们认识一周年纪念日标在日历上。"
　　C．"哦,不必担心。没什么大不了的。你喜欢我送你的DVD吗?"

(7)在你工作的冷饮店,一位顾客正为她想买哪种冰激凌而苦恼,并且已改变了5次主意。再过几分钟就该关门了,你想打扫卫生然后去找朋友,你该怎么办?

A．你把冰淇凌棍儿扔进垃圾箱,同时嘲笑说,你太胖了,不能再吃甜食了。然后建议她去隔壁食品店去挑选些健康食品。

B．真心地微笑着为她服务,等她的第6次选择,你的朋友会理解的。

C．你漫不经心地通知她再过5分钟冷饮店就要关门了。

(8)重感冒让你哥哥在床上躺了两天了,你偶然走过他的房门,他以傲慢的语调让你为他倒杯橘汁。你:

A．告诉他说,请不要伤害别人,然后走向厨房。

B．马上走向车库,把他的自行车轮胎扎破。

C．跑去看冰箱里是否有刚榨的橘汁。

主持人女:同学们做好了没有?做好了的话,就请按照自己的答案,给自己打分。我来宣布一下打分的标准。请大家听好了。得分情况:

（1） a=2，b=3，c=1。

（2） a=1，b=3，c=2。

（3） a=3，b=2，c=1。

（4） a=2，b=1，c=3。

（5） a=1，b=2，c=3。

（6） a=3，b=2，c=1。

（7） a=3，b=1，c=2。

（8） a=2，b=3，c=1。

主持人男:现在请大家把自己的分数算出来,我们来继续对自己做一个评估。如果你的分数评价在8~13分,你是属于"冷静、漠然型"性格的人。

属于这个性格的人,可能你真的对什么都不上火——尽管对此我有点儿不大相信。极有可能,你对发怒很超脱,所以你就把怒火深埋心里。如果这样,你确实是错误的。因为适当地发发火有益健康。《独自发火——对气恼的理解性处理》一文的作者马里安博士说:"如果你是个听天由命的人,人们也许会忽视你而且不再尊重你的感情或观点。" （主持人女）

第八章　演讲式主题班会

主持人男：你掩饰自己的怒气可能有两个原因：一是你怕自己发怒会引起朋友的不满，认为掩饰自己的情绪会使他们更喜欢你；二是过去你曾怒火冲天但未奏效，所以现在你不想让失败重演。

主持人女：无论什么原因造成你这种不自然的冷静，你都应改变。不妨从小处着手，如你复习数周却还是考了个不及格，而你的朋友却取笑你，你就应告诉她，你不欣赏她的评价，并希望她停止评论。如果你和朋友早就计划好要去逛商店，而他却和他的另一个朋友去干别的了，你不要假装对此漠不关心，要告诉他你为他的这种行为而生气。说出了自己的心里话，情绪得到了合理的发泄，你的家人和朋友依然会爱你的。

主持人男：如果你的分数在14～19分，你是属于"聪明、适度型"性格的人。

　　这种性格的你，不会无缘无故火冒三丈，但当你感觉受到冤枉时，会慷慨陈词，你喜欢吃蔬菜，不会说你讨厌吃红烧肉。想知道你为什么这么做吗？哦，因为有很多事需要你和别人共同解决。用自己的方式表达了自己的不满，但又没有伤害他人，真是聪明。

主持人女：如果你的得分是20～24分，那么，很遗憾，我告诉你：

　　你是属于"暴跳如雷型"性格的人。或许，生活中发生的一些事情使你受到了严重的伤害，从此心理十分压抑，所以一有什么不满，你就会大发雷霆。同时，因为你所制订的计划并不适合你，你会烦躁，或因自己的父母常常争吵而担忧。这些都可能导致你脾气不好，易发怒。

主持人男：而事实上是，当你对关心你的人吼叫时，也许事后你会感到内疚，但如果你不改正，这是没有用的，次数多了，你的朋友迟早会抛弃你。而且，经常发怒会使你患头疼、溃疡，还可能患高血压。

主持人女：如果你开始考虑改变一下自己的脾气，那就看看以下忠告：减少生活中的压力。踢足球，为板报写稿，找两份业余工作，这些都是比较有效的方法。而且，要保证吃好并有充足的睡眠。当有什么事或人惹你生气时，你要想到你自己下定改变脾气的决心，或许你就能冷静点儿了，实在不行，就深呼吸一下。

以上几点可尽量帮你避免生气，但如果你认为自己气冲斗牛时，就去找学

校的心理顾问聊聊,这样就能很快平息你的怒气,获得平和的心境。

主持人男:我们不得不承认,要超越自我,就不能不清醒地认识到,我们还有很多的性格缺陷,有待于我们进一步努力改进。

主持人女:如有些学生常常被羞耻心理所困扰,不能够参加正常的社交活动,甚至阻碍了和人们的正常交流。但他们并不是不想和人交流,而是因为怕啊,怕什么,怕羞啊!

主持人男:是啊,害羞使我们失去了多少发展的机会,失去了多少结交好朋友的机会,我们该怎样克服害羞心理呢?下面,请我们的知心姐姐来回答这个问题。

5. 如何克服人际交往中的害羞心理

知心姐姐:害羞并不是一个稀有的感觉,在很多同学之间都存在,适当的羞耻心理可以帮助一个人健康成长,但是,过于害羞的心理就不利于我们的发展。很多同学都被害羞心理所困扰,他们感到痛苦,感到彷徨,因此很有必要把这个问题公开给同学们讲一下。但是在回答这个问题之前,我先给同学们朗读一封信,这封信就是一位十分害羞的同学写的。

知心姐姐:

提起笔,满肚子话不知从何说起,真的,我吃够了害羞的苦,倍感无助与无奈的我,只好求助知心姐姐你了,但愿你不要烦我。你知道吗?我不是一个性格孤僻、离群索居的人,我希望与人交往,渴望有人理解我,也渴望理解别人。可是,我一与别人尤其是陌生人接触时,我就感到一种没有来由的窘迫与紧张,顿时手足无措,不知如何是好,结果弄得场面十分尴尬。再说,我也并不是一个十分呆板、反应迟钝的人。同学老师都说我虽平时不怎么说话,但是看问题想事情都有自己独到的一面。可是,一到比较正式的场合,尤其是面对长辈的时候,我就会面红耳赤,心跳加快,支支吾吾半天也表达不出自己内心的想法……就这样,出于无奈,我只好将自己一层一层封闭起来,从不主动与人交往。其实,谁都需要沟通,谁都需要友谊,可有这烦人的害羞心理,你说

第八章 演讲式主题班会

我该怎么办呢？知心姐姐。

林琳

××年×月×日

主持人女：是啊，知心姐姐，我们也有很多这样的问题，究竟该怎么解决呢？你快说呀！

知心姐姐：让我把给她的回信当做一次解决大家心结的办法吧。读了她的信之后，我感到心情很沉重，有多少朋友处在害羞的痛苦中呢？因此，有必要在这里给同学们做一个公开的答复，我相信林琳妹妹会理解我的。我是这样回答的：

林琳妹妹：

在这个时候，你能想起我，我真的很高兴！从你信中可见，害羞心理确实已妨碍了你的正常学习和生活，但这也用不着着急，要知道正确对待这种害羞心理也并非难事。事在人为吧，要不，你按我说的方法试试？

首先，你应意识到任何事物都是一分为二的，包括你所说的烦人的害羞心理。其实，害羞并非完全是有害的，我们去其短时，也应扬其长，你说呢？不知你发现没有，尽管你有可能不善言辞，但你肯勤思考，勤行动，更多的时候能为他人着想……诸如此类，一大堆，我在这里就不一一列举了，关键在于你去发现。认识到这些优点并充分发挥它，我相信，无论是对增强你的自信心还是优化你的人际关系都会有一定帮助。

其次，不要过多计较别人的议论。回想一下自己的经历，仔细分析一下，你就会发现，之所以害怕在大庭广众中讲话，羞于与人交往，是因为我们把面子看得太重。害羞心较重的人特别在意别人的说法和评价，总是习惯把别人当成自己言行的法官，尤其害怕别人否定的评价，这样无形之中给自己增添了压力，与人相处时，自然而然就有了紧张与不安。其实，每个人都有自己的优点和缺点，我们应正确地估计一下自己，而不要被别人的评价影响我们的情绪，甚至支配我们的言行。当然，对于别人的意见与评价，尤其是否定的评价，我们应正确对待，有则改之，无则加勉。

再次，学习和掌握一些社交技能和方法。了解并掌握一些交际技巧，对克服害羞至关重要。如在会见生人时，你应事先考虑一下要与对方交流的内容，然后列一个简单的提纲，这样就可避免出现面对陌生人无话可说的尴尬局面。如果因害羞而面红耳赤紧张不已时，你可以转移一下视线，或运用一下"自我激励"的方法。总之，很多行之有效的技巧和方法在书刊上都有介绍，你不妨找一些有关交际方面的书或杂志来读读。你就会发现，你的一些困惑，如怎样与陌生人交谈，与长辈交往时应注意些什么，如何处理好同学之间的关系，等等，都能从书中、杂志中找到你想要的答案。

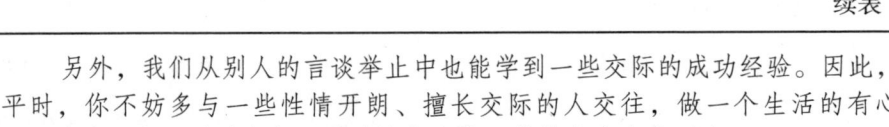

续表

另外,我们从别人的言谈举止中也能学到一些交际的成功经验。因此,平时,你不妨多与一些性情开朗、擅长交际的人交往,做一个生活的有心人,多多观察,时时留意,潜移默化之中,收获肯定也会不小。

最后,还得有针对性地进行社交训练。当然,理论是不可少的,但是只有把它们运用到实践中去才能真正发挥其作用。不要因为你的害羞心理而回避与他人交流,拒绝与别人交往。勇敢些,也许会有失败,但是不经历风雨,怎能见彩虹,一时的失败之后,也许就是永远的成功。当然,也不要急于求成,我们先可以同开朗一点儿的同学交往,在家长或朋友面前谈谈自己的内心所想,这样一步一步,多多锻炼,到时无论对方是长辈还是陌生人你都会很自然地相处了。

知心姐姐

××年×月×日

主持人男:我们有的同学还有一个缺点,就是爱抱怨别人,实际上抱怨的人不见得不善良,但常常不受欢迎。

主持人女:抱怨的人以为自己经历了世上最大的困难,他忘记了听他抱怨的人也同样经历过这些,但感受不同。

主持人男:抱怨是什么?它像烟头烫破一个气球一样,让别人和自己泄气。那么,怎样克服抱怨心理呢?下面请我们班上性格最好的,从来不抱怨生活的人来给我们传授不抱怨的秘诀。

6.学生聊怎样克服抱怨心理

宽容地说,抱怨属人之常情。"居长安,大不易",难道还不许别人说一说苦闷吗?然而,抱怨的不可取之处在于:你抱怨,等于往自己的鞋子里倒水,使往后的行路更难。困难是一回事,抱怨是另一回事。

抱怨的人在抱怨之后,非但不轻松,心情往往更糟,怀里的石头不但没减少,反而增多了。常言说,"放下就是快乐",包括放下抱怨,因为它是心里最重的东西,又是最无价值的东西。

第八章 演讲式主题班会

许多人都抱怨过处境的烦难,发现无济于事之后便缄口了。抱怨相当于赤脚在石子路上行走,而乐观是一双结结实实的鞋。

抱怨丧失的不仅是勇气,还会失去朋友。谁都恐惧牢骚满腹的人,怕自己也受到传染。失去了勇气和朋友,人生就会变得很难。其实,抱怨的人不知道,人生有许多简单的技艺可以化险为夷,沉默是其中妙谛之一。

并且在解决问题的方法上,一般人都有两面性:

第一,对自己遭遇的难题一筹莫展;
第二,针对别人的难题妙计迭出。

那么,解决抱怨的弊端也可以套用这个方法,即你想怎样抱怨别人,就先用这些抱怨的话对自己说一遍,用到自己身上来。

有这样一个故事:一个修行的人准备下山,临行时请教师傅:"我怎样才能控制自己不抱怨别人?"师傅说:"怎样抱怨别人,就把你所抱怨的话给你自己承受,那么,你什么抱怨的话也不会说了。"结果修行的人下山后,按照师傅的话去做,自己要抱怨别人时,就对自己抱怨一顿,结果他发现,幸亏很多话没有说出口,不然对别人将造成很大的伤害。于是,他不再抱怨,结果成就了一番很大的事业。

主持人男:谁说少年不知愁滋味,为赋新词强说愁,其实是我们已经识得愁滋味,我们的同学常常莫名其妙地被忧愁所烦恼,看这也不顺眼,那也不顺眼,好像只有我们学生烦恼格外多一些。

主持人女:是啊!我们这个年龄的同学,心灵敏感,对外界事物反应迅速,常常会因为一点点的小事情而烦闷,而痛苦。我们若把烦闷抛开,那该多好啊!

主持人男:下面,就请心理专家来给我们讲一下如何防止和控制自己的烦恼吧。我们掌声有请。

7. 专家谈如何防止烦闷心理

你对工作感到厌烦吗?为何不跟自己做个"假装"的游戏,你会从中得到意想不到的收获。产生疲劳的最主要原因之一,就是烦闷。

一个人，由于心理因素的影响，通常比体力劳动更容易获得疲劳感。但是当我们在做一些很有兴趣也很令人兴奋的事情时，却很少感到疲倦。这是为什么呢？是因为心理作用的影响。

如果你是一个脑力劳动者，使你疲劳的原因很少是由于你的工作过量，而是由于你的工作量不足。比方说，记不记得上礼拜那天，你不断地被别人打扰，一封信也没回，跟人家约好的事情也没有做，这里那里都是问题，那一天所有的事情都不对劲，一件事情也没有做成，可是回到家里的时候却已经筋疲力尽——甚至头痛欲裂。

第二天，办公室里的一切事情都进行得非常顺利。你所完成的工作是头一天的四十倍，而你回到家里的时候，也神采奕奕。你一定有过这种经历，我也有过。

我们在这一点上可以学到什么呢？那就是，我们的疲劳通常不是由于工作，而是由于忧虑、紧张和不快。

如果你"假装"对你的工作有兴趣，这一点点的假装就会使你的兴趣变成真的，也可以减少你的疲劳、你的紧张和你的忧虑。

每天早上给你自己打打气，是不是一件很傻、很肤浅、很孩子气的事呢？不是的，正好相反，这在心理学上来说非常重要。"我们的生活，就是我们的思想造成的"，这句话在今天还是像1900年前马克·奥勒留在他那本叫《沉思录》的书里所写下时一样的真实：

> 我们的生活，就是由我们的思想造成的。
> ——马克·奥勒留

每个小时都跟你自己谈一遍，你就可以指引自己去想很多勇敢而快乐的思想，也可以由此得到力量和平静。跟自己谈很多值得感谢的事情，你就可以在脑子里充满向上的思想。

只要你的想法正确，就能使任何工作都不那么讨厌。你的领导希望你对自己的工作感兴趣，他才能赚更多的钱，可是我们且不管他要什么，你要想想，对自己的工作有兴趣的话，能够对你有什么好处；常常提醒你自己，这样做可以使你从生活中得到加倍的快乐，因为你每天清醒的时间里，有一半以上要花

第八章　演讲式主题班会

在你的工作上。如果你在工作上得不到快乐，在别的地方也就不可能找到快乐了。要不停地提醒你自己，如果对自己的工作感到有兴趣，就能使你不再忧虑。即使事情没有这样好的结果，至少也可以把你的疲劳降到最低程度，让你能够享受你的闲暇时间。

主持人男：每天早上给你自己打打气，是不是一件很傻、很肤浅、很孩子气的事呢？不是的，正好相反，这在心理学上来说非常重要。"我们的生活就是我们的思想造成的"。多么简单的一句话，简直是一语惊醒梦中人！同学们，我们为什么不对自己进行积极的心理暗示呢？

主持人女：其实快乐很简单，简单到只要每个小时都跟你自己谈一遍，你就可以指引自己去想很多勇敢而快乐的思想，也可以由此得到力量和平静。

主持人男：那么，我们还要害怕什么呢？还要忧虑什么呢？一切都可以自己解决的，同学们，让我们快乐起来吧！

主持人女：如果你觉得还没有快乐的信心，你还沉浸在忧虑之中，好吧，那么，先解除你的忧虑吧，下面请心理专家教给我们一个排除忧虑的好方法，掌声有请！

8. 专家介绍消除忧虑的万灵公式

这是美国著名的励志专家卡耐基先生的妙法。下面是他的真实说法：

"年轻的时候，"卡耐基先生说，"我在纽约州水牛城的水牛钢铁公司做事。我必须到密苏里州水晶城的匹兹堡玻璃公司（一座花费好几百万美金建造的工厂），去安装一架瓦斯清洁机，目的是清除瓦斯里的杂质，使瓦斯燃烧时不至于伤到引擎。这种清洁瓦斯的方法是新的方法，以前只试过一次——而且当时的情况很不相同。我到密苏里州水晶城工作的时候，很多事先没有想到的困难都发生了。经过一番调整之后，机器可以使用了，可是成绩并不能好到我们所保证的程度。"

"我对自己的失败非常吃惊，觉得好像是有人在我头上重重地打了一拳。我的胃和整个肚子都开始扭痛起来。有好一阵子，我担忧得简直没有办法睡觉。"

"最后,因为我的理智,我想起忧虑并不能够解决问题,于是我想出一个不需要忧虑就可以解决问题的办法,结果非常有效。我这个反忧虑的办法,已经使用了三十多年。这个办法非常简单,任何人都可以使用。其中共有三个步骤:

"第一步,我先毫不害怕而诚恳地分析整个情况,然后找出万一失败可能发生的最坏的情况是什么。没有人会把我关起来,或者把我枪毙,这一点说得很准。不错,很可能我会丢掉差事,也可能我的老板会把整个机器拆掉,使投下去的两万美金泡汤。"

"第二步,找出可能发生的最坏情况之后,我就让自己在必要的时候能够接受它。我对自己说,这次的失败,在我的纪录上会是一个很大的污点,可能我会因此而丢差事。但即使真是如此,我还是可以另外找到一份差事。事情可能比这更糟。至于我的那些老板——他们也知道我们现在是在试验一种清洁瓦斯新法,如果这种实验要花他们两万美金,他们还付得起。他们可以把这个账算在研究费用上,因为这只是一种实验。"

"发现可能发生的最坏情况,并让自己能够接受之后,有一件非常重要的事情发生了。我马上轻松下来,感受到几天以来所没经历过的一份平静。"

"第三步,从这以后,我就平静地把我的时间和精力,拿来试着改善我在心理上已经接受的那种最坏情况。"

"我努力找出一些办法,让我减少我们目前面临的两万美元损失。我做了几次实验,最后发现,如果我们再多花五千美元,加装一些设备,我们的问题

第八章 演讲式主题班会

就能迎刃而解。我们照这个办法去做之后,公司不但没有损失两万美金,反而赚了一万五千美金。"

"如果当时我一直担心下去的话,恐怕再也不可能做到这一点。因为忧虑的最大坏处,就是会毁了我集中精神的能力。在我们忧虑的时候,我们的思想会到处乱转,丧失所有做决定的能力。然而,当我们强迫自己面对最坏的情况,在精神上接受它之后,我们就能够衡量所有可能的情形,使我们处在一个可以集中精力解决问题的地步。"

"我刚才所说的这件事,发生在很多很多年以前,因为这种做法非常好,我就一直使用着。结果呢,我的生活里几乎完全不再有烦恼了。"

为什么威利·卡瑞尔的万灵公式这么有价值,这么实用呢?

林语堂在他那本销路很广的《生活的艺术》里说:"能接受最坏的情况,在心理上,就能让你发挥出新的能力。""在面对最坏的情况之后,"威利·卡瑞尔告诉我们说,"我马上就轻松下来,感到一种好几天来没有经历过的平静。然后,我就能思考了。"

很有道理,对不对?可是还有成千上万的人,为愤怒而毁了他们的生活。因为他们拒绝接受最坏的情况,不肯由此以求改进,不愿意在灾难中尽可能地救出点儿东西来——最终变成我们称之为忧郁症的那种颓丧情绪的牺牲者。

你是否愿意看看其他人怎样利用威利·卡瑞尔的万灵公式,来解决他们自己的问题呢?如果你有担忧的问题,就应用威利·卡瑞尔的万灵公式,进行下面三道工序:

(1)问你自己:"可能发生的最坏情况是什么?"
(2)如果你必须接受的话,就准备接受它。
(3)然后很镇定地想办法改善最坏的情况。

主持人男:很怕听到这句话:给我一个机会吧!因为接下来的一定是难缠的请求。我不是上天,我的口袋里没有装着"机会",然后去慷慨地施舍于人。当然我也不会去求人给自己机会,因为机会是靠自己的实力去争取的,而

不是靠别人舍予的。

主持人女：有人或许不同意，说成功的人总要别人给你机会。刘邦给了韩信一个机会，刘备给了诸葛亮一个机会，否则，韩信可能一辈子是个小兵卒，诸葛亮可能一生一世只是草庐中一个村夫。

主持人男：但这话只说对了一半。韩信如果不是略不世出，即使刘邦给了他机会，他也不会有"十面埋伏"、大败楚霸王的战功；诸葛亮如果不是智计超群，即使刘备给了他机会，他也不能有"七擒孟获""六出祁山"的勋业。完全可以反过来说，是韩信给了刘邦一个机会，使他能开创汉朝基业；是诸葛亮给了刘备一个机会，使他能在三分天下中分得一杯羹。

主持人女：所以这里的关键是"实力"。你大可不必要求别人给你机会，你要考虑的是自己有没有实力。现在不少人存在侥幸心态，不是去想着如何提升自己，而是幻想到时候就会有人"给机会"，这是大错特错的。我们要相信，有实力的人，一定有人赏识，机会一定会来找你；在机会未来之前，先要充实好自己，这才是正确的做人之道。

主持人男：有实力的人，才能够从事业的低谷中走出来。下面，请听成功故事《把握住人生的低谷》。

9. 成功故事：《把握住人生的低谷》

学校新开了一门课——证券投资理论与实务，由于缺少老师，教务处请证券公司帮忙找一位老师，于是杨老师成了我们的外聘老师。

上课第一天，有人向学校反映，那位杨老师，不是过去唱河南梆子的吗？现在怎么摇身一变成了投资理论家了？

几乎是在同一时间，又有人向学校反映，那位杨老师不是前几年在师范大学门口给学生修鞋的

第八章　演讲式主题班会

吗？现在怎么摇身一变成了我校的老师？

　　杨老师到底是个什么人？回家后，我听我在证券公司工作的丈夫说，杨老师是全市唯一通过股票买卖成为百万富翁的人。他在证券投资方面最有发言权。

　　有一天，丈夫请杨老师来家里吃饭，我才对他有了一个全面的认识。原来杨老师是老三届的学生，和演"宰相刘罗锅"的李保田是校友，后来一并从学校宣传队招进市梆子剧团。他说，在这一生中，李保田对他的影响最大。在那个时代，人人前途渺茫，无论在学校还是剧团里，没有几个人知道学习，而李保田是个例外。无论是在团内排练，还是下乡演出，他都身不离书。1977年恢复高考，全团的人都接到了上级的通知，可以报考中央戏剧学院，可是除了李保田之外，没有一个考上的。1988年，剧团解散，李保田已是戏剧学院的副教授和全国有名的电影演员，杨老师则成了路边修鞋的。

　　后来，杨老师之所以能成为证券投资方面的成功者，是因为他不愿再错过人生的失意时刻，他边修鞋，边在师范大学旁听证券知识讲座。最后他悟到一点，股市如人生，不能错过任何一个低谷。20年来，中国的股市有3次跌得让股民失去了信心，有的甚至认为必定崩盘，正是在这3次最低潮的时候，他大量地买进，积极地建仓，成就了他的这番事业。

　　前不久，他写了一本书，叫《股市人生》，在序言中，我看到这么一段话：当股市跌得最惨的时候，恰是入市的黄金时间；同样当命运之神把人抛入谷底时，也是人生腾飞的最佳时节。这个时候谁能积累能量，谁就能在未来获得丰厚的回报；谁若自怨自艾，必定错失良机，等在前面的将会是两手空空和后悔莫及。

　　主持人男：能够从低谷中走出来的人，必定是一个热爱生活、敢于拼搏的人。同学们，如果我们的成绩进入了低谷，我们还能够走出来吗？（同学们齐答：能！）

　　主持人女：是啊，即使一次失败了，又有什么关系呢？我们要善于关掉那些不美好的记忆，这样才有助于我们从人生的低谷走出去。下面，请听另外一

185

个成功故事《关掉身后的门》。

10. 成功故事：《关掉身后的门》

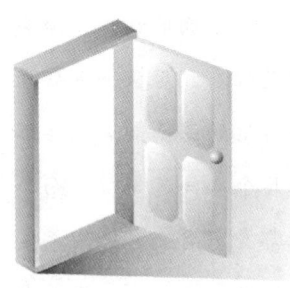

有一名年轻的部门经理为一家公司做出了许多贡献，后因该公司改制，部门合并，不再需要他这个职位，于是他决定跳槽到一家外资企业去。

在离职前的最后几天，他做了几件事。

首先，他交给老总一个笔记本，本子上详细地记着与他所负责的部门有联系的政府部门、原材料供应公司、各协作单位合作的情况，并清楚地写着与哪个部门联系的业务发展到什么程度，下一步还有什么工作要做，还有什么难题需要解决。然后，他领着继任到有关部门去交接。最后，当他离开办公室的时候，他将门轻轻关上，向每一位同事道别。这位部门经理离开后，整个公司给了他很高的评价。

若干年以后，老总到海外参加华人企业界"如何成为一名成功的职业经理人"研讨会。坐在台下的老总，在主席台上发现了那位曾是自己部下的年轻经理。尽管老总知道这位年轻经理一定会成功，但看到他座位牌上的头衔竟然已是某知名企业的首席执行官时，多少还是有点儿感到惊异。

于是，老总很想知道在近几年里，这位年轻的部下做了些什么。

轮到这位首席执行官发言的时候，他讲了关于英国前首相的一段往事：

> 英国前首相乔治有个习惯——随手关住身后的门。有一天，乔治和朋友在院子里散步，他们每经过一扇门，乔治总是细心地随手把门关上。
>
> "你有必要把这些门都关上吗？"朋友有些纳闷。
>
> "哦，当然有必要。"乔治微笑着说，"我这一生都在关我身后的门。要知道，这是必须做的事，当你关门时，也将过去的一切留在了后面，不管是美好的成就，还是让人痛心的遗憾。"

年轻首席执行官的讲话，赢得了包括老总在内的听众的阵阵掌声。

是啊，将身后的门关上，对于每一个想取得成功的人来说，都是一种必

第八章　演讲式主题班会

备的职业道德。因为看一个人人品如何，成就多大，不仅要看他做的时候怎么样，还要看他离开的时候会怎么样。

关住了身后的门，就再也没有什么记忆可以牵扯你前进的脚步了。

> 乔治正是凭着这种精神一步步走向成功的。我也是牢记着这个故事，成了一名出色的职业经理人。这些年我先后为五个大小不同的公司服务过，不管我在哪里，我总是恪守一名职业经理人的道德标准。在中国职业经理人市场一波未平一波又起的今天，要避免更多的遗憾，不仅要求企业为职业经理人开启一扇通向辉煌的大门，更重要的是作为职业经理人，当你完成使命以后，要记住把身后的门关上……

主持人女：关掉所有失败的记忆，我们就剩下了成功。

主持人男：关掉所有不快乐的记忆，我们剩下的就只有快乐。

主持人女：同学们，让我们勇敢地面对自己的缺陷，积极地改正缺点，我们就能够创造出更加美好的明天。

主持人男：让我们高歌一曲《明天会更好》吧。让我们手拉着手，心贴着心，共同展望我们美好的明天。全班合唱《明天会更好》。

11. 合唱：《明天会更好》

班会结束。

（五）班会小结

班会小结

> 不同的班会，有不同的开法。"超越自我"这类主题班会可以举办成纯粹演讲式的班会，也可以举办成娱乐性质的班会，还可以举办成心理辅导之类的班会。但是，这些班会，都有一定的缺陷。
>
> 但以谈话的形式开主题班会可以促使更多的同学参与交流，可以让大家觉得不是教育，而是谈心，因此更能够使人接受，更有利于学生的健康成长。

第九章 材料式主题班会

材料式主题班会,就是根据需要事先准备好一定的辅助材料,让学生进行讨论和"发散"思考,由此及彼地让学生获得启迪,受到教育。

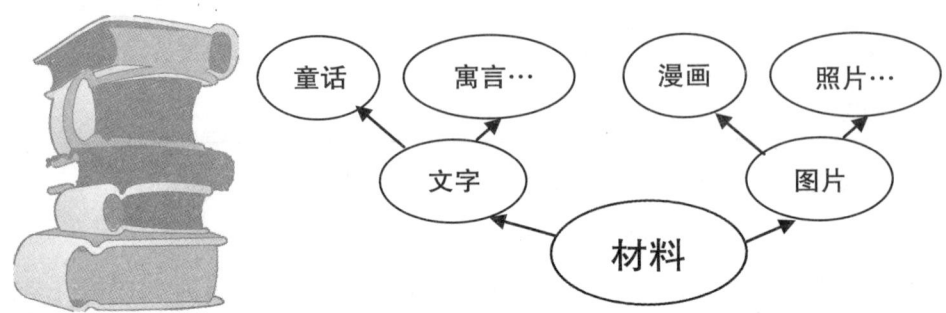

材料,既可以是文字,如格言、寓言故事、讽刺诗词等;也可以是图片,如漫画、照片、宣传画等。对于这些能诉诸视觉、听觉和唤醒丰富联想的材料,学生是非常乐意接受的。尤其是漫画,其寓善意批评于辛辣的讽刺之中,使读者无意中照见一个隐蔽的"我",一阵心跳引起一阵脸红,一阵羞愧引起一阵自省,然后又以一阵大笑结束这一场鉴赏活动,并达到了教育的目的:在没有伤害自尊的同时,读者的内心进行了一定的自省。这里,审美活动与教育活动是融为一体的。

运用一定的辅助材料来设计主题班会有一个特点,就是装订好一套辅助材料,可以让好几个班级轮流使用,也便于保存。搜集和编制材料的工作,可由学校团委或学生会负责。设计制作这类辅助材料时,要考虑不同年级学生的思想特点与理解水平,注意融教育性与趣味性于一体。另外,在每一套辅助材料中,最好再配上若干思考题,以便充分挖掘每一套材料的意蕴,让学生在对这些材料的"发散"思考过程中受到积极启发。

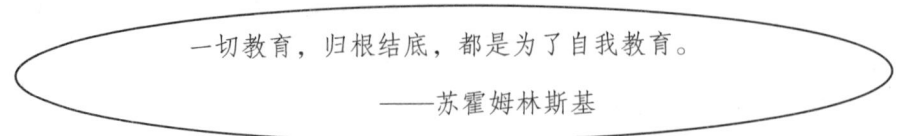

一切教育,归根结底,都是为了自我教育。
——苏霍姆林斯基

第九章 材料式主题班会

这句话真是精辟之至。经常设计一些高质量的材料式主题班会，无疑是促进学生进行自我教育的一种好途径。

一、了解西部，立志为国

（一）班会背景

中国的西部大开发，吸引了世人关注的目光和急切的脚步。开发西部，首先要读懂西部。然而，西部的概念究竟是什么？西部大开发为什么是千载难逢的历史机遇？学生从历史、地理等学科中学到了不少关于祖国西部的知识，可以说学科课程已经给本次班会奠定了基础，学生的知识、情感和技能都具备了开展本次活动的条件。这样的题材富有趣味性、时代性和挑战性，既符合学生的发展要求又有利于学生综合能力的培养。

西部大开发是发展中国特色社会主义的重大举措，是利国利民、实现共同致富的大事，更是对学生进行爱国主义和国情教育以及培养学生情感、技能和能力的有利素材。

（二）班会目的

(1)本次活动以现代教育思想和教育理论为指导，配合我校的德育工作，利用主题班会的形式，帮助学生进一步了解祖国西部的历史和现状，憧憬祖国西部美好的明天，培养爱国主义情感和社会责任感，激励同学们为共创祖国西部美好的明天而努力学习。

(2)通过学习和演唱西部民歌，培养学生的审美能力、表演能力和创作能力。

（三）班会准备

(1)教师将学生分成若干小组或学生自由组合成若干小组，指定或自荐小组长。每组收集西部一个省(区)的民歌，并学会1~2首，尽可能自制典型的民族服饰道具。

(2)收集若干西部的风景画，或自己设计绘制。

(3)编制西部地区公路、铁路竞赛题。

(4)推选主持人，编制台词，进行训练。

(5)制作相关文字幻灯片；布置黑板报，中间书写主题班会标题。

（四）活动纪实

(1)了解西部，爱我西部。
(2)建设西部，展望西部。
(3)西部之路。
(4)西部之气。
(5)努力学习，立志为国。

1. 了解西部，爱我西部

（多媒体幻灯片）主题活动画面主持人：各位老师，各位同学，下午好！《了解西部，立志为国》主题班会活动现在开始！中国的西部，广袤而神奇，它是中国大地的骄子，有过辉煌历史，不乏盖世英雄。这里民族团结和睦，民风敦厚纯朴，是人类古文明的源头之一，是中华民族先祖的出生地。"20世纪80年代看深圳，20世纪90年代看浦东，21世纪看西部。"开发西部，已成为当今的热门话题，让我们从表演西部的民歌开始，瞩目祖国的大西部。

西部的歌
创造欢乐、活泼的氛围，让学生在直接的、实际的体验中进行活动，声画交融，培养学生热爱祖国大西部的思想感情。
各小组演唱民歌。独唱、合唱、表演唱、舞蹈、卡拉OK形式可自由选择。演唱的同时，展示其地方的风景幻灯片。演唱者尽可能穿戴自制的西部民族服饰。

陕西民歌：《蓝花花》
内蒙古民歌：《嘎达梅林》
青海民歌：《四季歌》
新疆民歌：《阿拉木汗》
四川民歌：《太阳出来喜洋洋》
西藏民歌：《我走在高山顶上》

第九章 材料式主题班会

主持人：各具特色的西部民歌把我们带入了辽阔富饶的西部土地。这是一片古老而神奇的土地，中华民族曾在这里写下了丝绸之路、文景之治、大唐盛象、中西交流这样弥足夸耀的辉煌篇章。迎着新千年的阳光，带着新世纪的期望，古老而又年轻的西部再次获得向世人展示自己独特魅力的机会。

下面，我们来检测一下同学们对西部的了解程度——利用教具拼出西部版图。

主持人：几千年的岁月过去了，春的蓬勃，夏的热烈，秋的丰硕，冬的萧瑟，都在西部留下了深深的烙印。这里有革命圣地延安，有"天苍苍，野茫茫，风吹草低见牛羊"的旷远意境，有吐鲁番的葡萄和哈密的甜瓜，有雄伟的喜马拉雅山脉、富庶的成都平原，有奇特壮观的"长江第一湾"、壮美的雅鲁藏布江，有雄浑、厚重的陕北高原、如诗如画的阿坝，还有国人引以为豪的西昌卫星发射基地……请同学们根据幻灯片判断这是西部哪一处名胜或自然风景。希望大家积极思考，踊跃抢答，那边正有一堆奖品等你们去领取。

①自然风光

多媒体演示：布达拉宫风光、四川九寨沟风光、云南大理风光、西安大雁塔风光、侗族歌舞。

主持人：竞答显示了大家对西部的了解还不够。不过，没关系，让我们一起走进荧屏，瞩目西部。

②自然资源

多媒体演示：水能蕴藏示意图、森林资源示意图、矿产资源示意图、旅游资源示意图。

（幻灯片演示、主持人讲解。）

我国的自然资源特别丰富。西部可利用的土地资源有7.8亿亩，占全国可利用的土地面积的70%。西部的水能蕴藏量占全国水能蕴藏总量的82.5%，已开发水能资源占全国水能资源的77%，但开发利用尚不足1%。

西部森林资源占全国森林资源的36%，西部草地面积占全国草地总面积的55.9%。

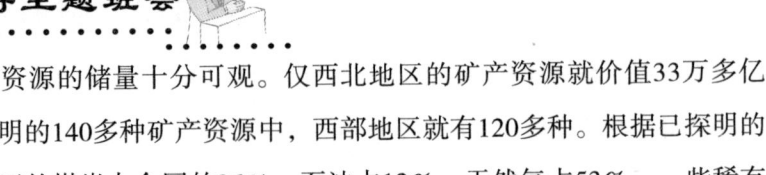

西部矿产资源的储量十分可观。仅西北地区的矿产资源就价值33万多亿元。全国已探明的140多种矿产资源中,西部地区就有120多种。根据已探明的储量,西部地区的煤炭占全国的36%,石油占12%,天然气占53%,一些稀有金属的储量名列全国乃至世界的前茅。

西部旅游资源得天独厚,每一个省区都焕发着文化旅游的勃勃生机!天池天下美,石林天下奇,峨嵋天下秀,华山天下险,桂林山水甲天下,更有人间仙境九寨沟、世界奇迹兵马俑……一段残垣蕴藏着千年的历史,一座寺庙连带着久远的美丽传说,西部的旅游资源是永远发掘不尽的宝藏,西部的旅游事业是谁也做不完的大文章!还有那生物资源、风能资源、太阳能资源等资源宝藏,数不胜数。

2. 建设西部,展望西部

主持人:西部有淳朴的民风,西部有富饶的物产,西部是一块亟待开发的土地。为开发西部,中华民族奋斗了几千年,秦皇实边,张骞"凿空",郑吉屯田,文成进藏,采用了政治、军事、经济、文化等多种方式,经历了漫长岁月,书写了灿烂篇章,精神不屈不挠,业绩可歌可泣,艰辛而伟大,悲壮而辉煌。

中国西部,古人曾感叹它遥不可及,高不可攀。即使在边塞诗人的诗里,也从豪迈中流露出无奈的苍凉。想当年,往西北去,"西出阳关无故人";向西南走,则又"难于上青天"。可到了交通、科技发达的今天,你可以乘飞机翱翔蓝天,像雄鹰那样俯瞰西部的壮美与秀丽,纵览沧海桑田般的变迁,放眼西部进入新世纪的辉煌。新中国成立以后,我国在西部地区投入了大量的人力和财力,发展西部的交通,取得了一定的成绩。

第九章 材料式主题班会

3. 西部之路

（1）说一说丝绸之路。

多媒体幻灯片：楼兰古城遗址图

主持人：这就是著名的楼兰古城。它位于罗布泊西北角，是丝绸之路的咽喉，曾经有过商旅往来、盛极一时的历史，如今只剩下被流沙淹没的古城遗址。下面请同学说一说你所知道的"丝绸之路"（同学交流搜集的资料）。

（2）西部之路竞赛。

分组抢答，下列内容可供选择使用：

①"万里长江第一桥"。指"沱沱河公路桥"，位于青海沱沱河之上，对于加速西藏地区经济建设，巩固西南边防有重要意义，1987年10月重建。

②川藏公路。中国最长的高原公路。是四川和西藏自治区之间的重要交通线。

③滇缅公路。中国云南昆明至缅甸的国际公路。

④青藏公路。目前世界上海拔最高的高原公路。

⑤中尼公路。中国西藏拉萨至原尼泊尔王国首都加德满都的国际公路。1967年5月建成通车。

⑥中巴公路。中国新疆喀什至巴基斯坦的国际公路。1979年建成。

⑦成渝铁路。新中国成立后修的第一条铁路。

⑧宝成铁路。中国第一条电气化铁路。沟通西北、西南的第一条铁路干线。1956年7月建成通车。

（3）设计西部十日游的路线。

主持人：自然的，才是最美的；民族的，才是最有生命力的。拥有中国最高山峰、最大高原、最大沙漠、最大盆地，养育了中国母亲河的西部，告诉了我们另一种生存状态。走进西部，你才可能真实地领略到西部的风景，了解到西部人和西部人的故事，以及西部的歌声、传奇、梦想……走进西部，你才有可能亲身感受未曾触及的东西，领悟人与自然和谐的统一。请同学们用自己的笔设计出西部十日游的路线。

4. 西部之气

多媒体幻灯片：西气东输示意图（听教师讲述"西气东输"工程）

主持人：该工程西起新疆，经甘肃、宁夏、陕西、山西、河南、安徽和江苏，直至上海，全长4200千米，如同一只来自"风儿吹吹，沙儿飞飞"的塔里木盆地的火孔雀，飞向东南，它的建成对优化东部地区能源结构、缓和能源紧张状况、改善环境质量具有重要的意义。

5. 努力学习，立志为国

电脑图片：大屏幕打出王洛宾的巨幅头像，播放著名歌曲《花儿与少年》。

主持人：欣赏了动听的歌曲，看了这些画面和数据，谁不觉得西部可爱呢？西部不仅有旖旎的风光，丰富的资源，而且有极为丰富的文化遗产，不必说敦煌壁画，也不谈藏医藏药，单是西部歌王王洛宾搜集整理的民歌，就已经美不胜收了。西部，这是一片广袤而神奇的土地，蕴藏着无穷的魅力。广袤无垠，山水纵横，物产丰富，商贾如云……历史雄浑壮观，现实如火如荼，本色多姿多彩。西部大开发是古老的话题，又是全新的概念。在中国历史上，也有过多次的西部开发，艰辛而伟大，悲壮又辉煌。但从来没有像今天这样，人们的目光不约而同地盯住了中国西部，几乎所有的人都认识到，这里将是一片开发的热土。但是，实施西部大开发战略，既要有沸腾的热情，又需要冷静的思索。西部巨大的资源优势并没有转化为经济优势，西部人民的生活还比较贫困，西部的发展还处于相对滞后的状态。我们同学少年，挥斥方遒，数年之后，就会成为国家的栋梁之才。面对西部开发，我们准备怎样一显身手呢？我们要以"更高、更快、更强"的奥运精神鞭策自己，发奋学习，争当优秀生，争当高素质人才，将来去建设西部，建设祖国！

（五）班会小结

班会小结

主题班会的形式可以多样，让学生在唱、说、看、画等多种活动中了解祖国西部的历史和现状，培养学生爱国主义情感和社会责任感；同时，也给学生搭投充分展示自我的舞台，培养学生的审美情趣。

二、感悟亲情，回报父母

（一）班会背景

世界上最值得信赖的、最无私的情感一定是父母对子女的爱。父母几乎

把全部的爱都倾注给了孩子，对他们的关心可以说是无微不至。但是，青春期的学生对这种情感是不理解的，有的甚至是充满敌意的，因为在他们的眼里，这种爱正是对他们成长的一种否定，是不承认他们是社会的独立个体的一种表现。所以孩子们在这个年龄段常常与家庭对立，与父母对抗，甚至出现过激行为。这种现象是很普遍的。

家庭是一个共生体，各个家庭成员都要承担家庭的义务和责任。作为儿女，必须从小树立起一种意识、一种观念：心中有他人，心中有爸爸、妈妈、爷爷、奶奶等；必须承担起对家庭的义务和责任，懂得热爱父母、孝敬父母、回报父母，做个好儿女。本次主题班会是针对学生大多数以自我为中心，不理解父母的苦心和爱心，不懂得体谅、孝敬父母的问题而设计的。

（二）班会目的

1. 让学生感悟亲情，了解父母为自己付出的艰辛，懂得回报父母的养育之恩是自己的职责。
2. 让学生理解孝敬父母的具体内涵，学会如何爱自己的父母，进而把这种爱上升到对集体、对祖国的爱，有一种博爱的胸襟。

（三）班会准备

1. 搜集亲子教育资料，制作Flash动画片《伟大的父亲》《好好的，儿子》。
2. 分组排练文娱节目。
3. 每个同学准备一张小白纸用于测试。
4. 邀请部分家长参加。

（四）活动纪实

主持人出场。

主持人甲：人间最美是真情。

主持人乙：人间最真是亲情。

主持人合：《感悟亲情，回报父母》主题班会现在开始！首先请听男声小合唱《念亲恩》。

第九章　材料式主题班会

1. 男声小合唱：《念亲恩》

主持人甲：妈妈太爱唠叨了，一句话要啰唆几遍以至几十遍，真叫人心烦！

主持人乙：爸爸对我的管教太严格了，稍不留神，就要挨他的打！

主持人合：爸爸、妈妈，你们究竟爱我吗？请听我们班的故事大王给我们带来的精彩亲情故事。首先请欣赏Flash动画片《伟大的父亲》。

2. 观看Flash动画片：《伟大的父亲》

一位老人是一个颇有影响的钢琴家，他的妻子早已离去。他和儿子相依为命地生活在一起，费尽千辛万苦，终于把儿子拉扯成人，送进了剧院。儿子也挺争气，很快适应了紧张的剧院生活，不料在一次装台的义务劳动中从顶棚跌下，当场停止了呼吸。剧院院长把儿子的父亲接了去，问他有什么要求，那位几次从昏迷中醒来的父亲把头摇摇，说想到儿子出事的地点看看。

那是一个寂静的冬夜，院长叫人把剧场大门打开，领着他走到台前。父亲实在忍不住，一下子扑倒在儿子摔下来的地方，再也无力站起。

整个剧场空空荡荡，无声无息，一只只椅背像大海的波涛，在这苦难的父亲的脑中掀起了滔天的巨浪。至今，在家中，儿子住过的房间还完整地保留着。每天上班，父亲总得在门口轻轻说声："儿子，再见！"回来时又说一声："爸爸回来了，儿子！"吃饭时，儿子坐过的桌边依然放着一双筷子，它无声地向父亲诉说着儿子在另一个世界的一切。

主持人甲：有谁能够理解这位父亲内心的悲痛呢？我们有很多同学，老是抱怨自己的父母不爱他们，不理解他们，其实真爱无处不在，关键是我们没有体会和理解父母对我们深沉的爱。

主持人乙：有人说过这样一句话：父爱如山，母爱如海。父亲的爱，也那样博大，那样动人心魄。

主持人甲：可是，因为父爱是那样朴实无华，是那样实在，所以常常被我们忽略了。等到你醒悟的时候，也许，已经太迟太迟。下面，请同学们继续观看Flash《好好的，儿子》，去体验一下另外一个父亲朴实的爱。

3. 学生观看 Flash 动画片：《好好的，儿子》

有个中学生因犯盗窃罪而被捕，他的父亲想儿子想得几乎发疯，实在迫不得已了，就托人找关系，让他去狱中看看儿子。仁慈的看守所所长答应他们父子在二号房会面。

那是一间长方形的小屋，两头都有铁网，即使见面，也只能相隔十米，望儿兴叹。

儿子见到父亲，大声呼唤，诉说自己的不幸。但父亲却神色木然，不住地点头、摇头。儿子哪里想到，当父亲第一次得知儿子被捕的消息时，仿佛感到有一千面锣在耳边轰响，两只耳朵顿时发麻，接着便什么也听不见——他聋了！

聋子怎能听见儿子的说话声呢？他只是不停地重复着："好好的，儿子！你好好的，啊——"

泪水流满了他那苍老的面颊，流进那不停动着的嘴唇。

看守所所长告诉那少年，你父亲聋了，是为了你才聋的。少年一下子坐在地上，一只手死死地抓住铁丝网，胳膊被划出了一道血口子，鲜血把袖子染得通红。看得出，他的心在流血。

后来少年被遣送到长江边的一个农场劳教，他的父亲每个月都要到千里之外的农场看儿子。农场离车站还有五千米，得走一个多小时。一次回来的路上，不知是碰上了风雨，还是因耳聋听不见汽车的鸣笛，父亲被一辆大卡车撞死在路旁，也不清楚那个不争气的儿子知道不知道。

主持人甲：多么感人的故事啊！多么伟大的亲情！同学们，我们有什么理

第九章 材料式主题班会

由去埋怨父母？

主持人乙：父母是伟大的，是坚强的。残酷的现实常常扭曲父母的情感，沉重的负担常常压得父母喘不过气来，天灾人祸、狂风暴雨都被父母征服了。他们是在用点点血汗，用毕生的爱，甚至以透支的生命为儿女们开出一条成功之路啊！

主持人甲：同学们，我们都有一个温馨的家。在家里，爸爸、妈妈呵护着我们，爱恋着我们。为了我们，他们操碎了心，付出了艰辛的劳动。请听我们班周小琴同学的演讲《我的妈妈》。

4. 学生演讲：《我的妈妈》

我的妈妈好像是一座永不停息的摆钟，一年四季忙忙碌碌，又极有规律。清晨，天刚蒙蒙亮，她就悄悄起床，为一家人准备早餐。早餐准备完毕，她才轻轻地摇醒我："起床吧，川儿、懒猫。"我向妈妈道一声"早上好"的时候，她的脸上便会露出满足的笑容。每天早晨，当我喝着妈妈亲手热的牛奶，品着妈妈亲手煮的鸡蛋，吃着妈妈亲手烤的面包的时候，心里便会涌出一种幸福之感：我是世界上最最幸福的人。

每逢下雨，哪怕是小雨，妈妈也要为我送雨具。我永远记得这样一件事：有一次，她为我送雨衣，但没有把准时间，到早了。于是，她就在风雨中等待着。当我从教室里跑出来的时候，她的头发上已溅满了雨珠，衣服也是湿漉漉的了。她一见我，立刻高兴地说："快，穿上雨衣！"当我在妈妈的帮助下，穿好雨衣的时候，我顿时觉得心里暖融融的。

有了妈妈的关爱，再大的风雨我也不怕啊！

主持人甲：是呀！妈妈永远在忙碌，给我们创造甜美的生活；妈妈时刻牵挂着我们，为我们的成长而牵肠挂肚。

主持人乙：请欣赏女声独唱《烛光里的妈妈》。

5. 女声独唱：《烛光里的妈妈》

主持人甲：妈妈，多么亲切的字眼；

主持人乙：爸爸，多么诚挚的称呼！

主持人甲：他们在生活上关心、体贴我们；

主持人乙：他们在学习上督促、指导我们。

主持人甲：他们不仅教我们怎样做事，

主持人乙：他们还常常教育我们怎样做人。

主持人合：让我们学会感激他们，让我们学会对父母感恩。

主持人甲：从父母那儿，我们索取了许多许多，物质上的，精神上的，谁能说得清？对他们的养育之恩，我们回报了多少？

主持人乙：家，是我们踏进人生的起点；家，也是我们在受到挫折时，给予我们温暖的驿站；家，还是我们获得成功时，提醒我们戒骄戒躁的航标。这一切美妙的感觉，全是因为家里有了爸爸、妈妈。

主持人甲：下面，请同学们来说说我们的爸爸、妈妈。

6. 说说我们的爸爸、妈妈

学生1：过去，我觉得妈妈很唠叨。做功课时，她时时提醒："背要挺直。"看电视时，她又总说："坐远点，别太近。"而我每每不高兴地嚷道："知道了！"现在想来，妈妈的唠叨就是对我的爱呀，我那时真是太自作聪明了。

主持人乙：有时候，我们对爸爸、妈妈的爱并不理解，原来，爸爸、妈妈的唠叨，也是对我们的爱啊！

主持人甲：有时候，我们疏于对父母的关心，而今，我们懂得了，爱是一种幸福，被爱也是一种幸福。下面请听xx同学说说他家里的一件事情。

学生2：一次，我缠着老爸给我买溜冰鞋，因为有好些同学买了。可是他没买，我想爸爸真不爱我，便生气不理他。但是晚上回家的时候他却买回了好几盒钙片（那几天我脚抽筋）。面对这情景，我感到无比内疚，父母用爱呵护着我们成长，我们却不理解，使小性子，这是多么的不应该啊。

主持人乙：爱需要体验，需要回味，我们是否每个人都懂得回味呢？下面请听xx同学说的一件事情。

学生3：我想说说发生在我和妈妈之间的一件事。那是爸爸出差的一天，爸爸嘱咐我要照顾妈妈，因为妈妈病了。我答应了爸爸。吃过晚饭，妈妈让我去倒垃圾，我懒得动，以做作业为借口推辞了。妈妈只好自己去倒了，谁知道妈妈的胃病犯了，晕倒了，还住进了医院。虽然妈妈没怪我，但这件事留给我的是深深的愧疚。从此以后，我立志要对家庭负责——从身边的每一件小事做起。

主持人甲：很多东西在我们拥有的时候，我们并不知道它的可贵。当失去的时候，我们才会懂得好好珍惜。

主持人甲：迈出家门的步伐是轻快的，但是回家的路呢？却是那么的沉重，那么的艰辛。谁不知，对于刚离开父母的我们来说，学校生活就是一种考验，这怎能不令人想起家的温馨呢？

主持人乙：回家，回家，回家的感觉真好！周末，终于可以回家了，终于可以再次投入到父母温暖的怀抱了。下面请欣赏小品《第一次回家》。

7. 学生表演小品：《第一次回家》

［女儿快回家了，爸爸故作镇静地坐在沙发上看报纸，妈妈焦急地来回走动。］

妈：怎么还不回来呀？

爸：别紧张嘛，时间还早着呢。［边看报纸边慢慢地说。］

[女儿慢慢地走上楼梯，此时的她好想哭，可为了不让爸爸、妈妈看出来，她忍住了。按了按门铃一叮一咚——妈赶紧跑过来开门。]

妈：瑜，你终于回来了！

女：妈，我好想你啊！[两人哭着抱在一起]

爸：哦，见了妈就不要爸了。[边笑边说]

女：爸——[张开双手向爸的方向跑去，爸也张开双臂迎接女儿，可这时——]

女：哇，好可爱的牛娃娃！[抱住爸爸旁边的牛娃娃高兴地抚摩着]

爸：居然抱牛娃娃！你爸还比不上一头牛！[怪状]我还是去给你做点儿吃的吧。

[下台]

妈：跟妈进屋谈谈。[牵着女儿的手一同进了房，两人坐定了，女儿还是不敢直视妈妈，玩弄着她的牛娃娃]来，让妈看看！[母女四目，眼中都带着泪]

妈：怎么都瘦了？[心疼地说]

女：[摇头状，不说话]

妈：是不是在学校生活过得不好？

女[点了点头，又摇了摇头]：不，可好啦！那里老师很好，同学也很好。我现在学会了洗衣服，整理床铺，还会拖地呢！[两眼望着远方，满意地说着]

[这时，一旁的妈妈已心疼得哭了。]

女：妈，妈，你怎么哭了呢，[蹲下帮妈妈擦泪]怎么哭了？[哽咽着说]

妈：傻女儿，妈怎么会哭呢？[边说边把眼泪擦干]

女：妈，其实，我过得一点儿都不好。在学校，打饭要排队，打水要排队，洗澡还要排队。我何尝不想家，不想你和爸爸。好多次，想打电话回家，可是，我怕，我怕一听到你和爸爸的声音，我就想哭[转过头，扑向妈妈]妈！我好想哭！[抱着妈妈大哭，然后抬头央求地望着妈妈]妈，给我转学吧……

爸[端着一盘青菜，出场哼唱]：爸爸张罗了一桌好菜——[停了一下，咳

第九章　材料式主题班会

嗷一声]你们俩怎么哭得像泪人一样！[拍拍女儿的肩膀]别哭了，快起来！看看爸给你做的——牛肉炒芥蓝。啊！真香！

妈：来，我们吃饭吧。[母女同起身]

女[转过身，伸出手接菜]：爸，我来吧。

爸：不用了。

女：我行啦。[接过菜，因烫手而掉了盘子]啊，好烫！[双手捏双耳]

爸[叹气]：怎么这么不小心？你看，好好的一盘菜就这样被你糟蹋了。

[妈妈在一旁]妈：没事！没事！别怕。[安慰女儿，母女一起在收拾地面上的菜]

爸[后退，坐在行李袋上，转过身抓过行李袋]：什么东西？挺沉的。

妈[转过来看爸爸，然后奇怪地看着女儿]：衣服，脏的，你竟然还带了一个星期没洗的衣服回来？

> 爸[将行李袋扔到地上]：你，你说，你在学校一个星期学什么来着?[叹气，将双手反扣在背后来回走]还哭！[指着女儿]你去问问你爷爷，你爸像你这么大的时候，什么挑水呀，做饭呀，洗衣服呀，扛大米呀，哪样不是你爸自己做的？
> 你看看你，连个衣服都不会洗，还敢哭！

妈[忍不住扔下手中的抹布，愤怒地对爸]：你骂够了没有？女儿一星期好不容易才回家一次，你就这样骂骂骂，骂个没完。你怎么当人家爸啊？[生气地收拾盘子，坐在椅子上生闷气]

爸：噢——你还宠着她！[生气，无奈地坐在沙发上，瞪了女儿一眼，转过头去，深吸一口气，又转过头来]瑜，不是爸说你，你已经不小了，应该会自己想想了，是不是？[慢慢起身]你想想，你从小在家吃好，穿好，但你总不能一辈子呆在家里吧，你终究是要到外面去，过你自己的生活，闯你的事业的，对吧？你连个衣服都不会洗，一点儿自理能力都没有，怎么行呢？

女：爸，妈，不要说了，都是我不好。

妈[把女儿拉过来，让女儿偎依着她，摸着女儿的头]：孩子，你爸说的也

203

对，爸妈把你送进学校寄宿，是为了锻炼你独立生活的能力，也是为了你好，你懂吗？

［瑜点点头。］

爸：在家百般好，出门时时难啊！你现在终于尝到了吧？读寄宿，是苦了点儿，［按着女儿的肩膀］但是，爸妈把你送进学校寄宿，也就是为了让你能吃苦，锻炼你的自理能力。［摸着女儿的头］希望3年后，我和你妈会看到一个坚强的你，一个成熟的你，你明白吗？

女［站起来］：爸，妈，对不起，我这次太令你们失望了，过去是我不懂事，但现在不会了。［转过头］妈，我不转学了，我向你们保证，三年后的我，将是一个不一样的我，一个骄傲的中学生！

爸［坐下来］：这就对了！（望望妈妈，感叹）

女［转身拉起爸、妈的手唱］：走吧，走吧，人总要学着自己长大……

主持人甲：每一次我们过生日时，面对明亮的烛光，看着微笑的妈妈，我常思索，我们又为妈妈做了哪些事呢？

主持人乙：下面我们就做个小测试，看看你对妈妈到底了解多少？谁愿意参加？（请四位同学上场。看谁写得最快，就表示他对自己的妈妈最了解。）

8. 小测验：你了解爸爸、妈妈吗

主持人甲：首先，请我们用热烈的掌声邀请这四位同学的家长上来。家长来评说孩子的答案是不是对的。现在请听题目：

(1)妈妈最喜欢吃什么水果？

(2)妈妈最喜欢什么颜色？

(3)妈妈的生日是哪一天？

(4)妈妈最拿手的菜是什么？

第九章 材料式主题班会

（学生写题板，母亲口述，最后评奖。）

主持人乙：下面我们再来做一个小测试。请我们每一个同学都做好测试的准备。请听题：

> （1）拿出一张白纸，认真思考后，请在纸上写下你认为最珍贵的五样东西，其中两样必须是"我"和"妈妈"。

> （2）思考两分钟后，请划去其中一项。

主持人甲（在旁发言）：请同学们注意，虽然你的右手只是轻轻地一划，但一定要想到，一旦划去了，这样东西就真的在你的生活中消失。如果你划去的是朋友，那么在你一生剩下的日子里，你就再也没有了朋友，再也没有了朋友的呵护与关心！无论你日后高兴或难过，你都只能自己品尝了！假如你划去其他的呢？这样东西也一样会在你未来的生活中消失！

主持人乙：（3）操作同上，再划两项。

（注意检查剩下的两项是否为"我"和"妈妈"。）

> （4）这时，我们假设一个情景：你妈妈用她十几年的私人积蓄，带着你乘"泰坦尼克"号豪华油轮旅游，不幸发生了我们都知道的事——船碰上了冰山，要沉没了。在危急关头，一艘救生船出现了！但，由于船的承载力有限，你与妈妈只能一人上船，怎么办？你将做何选择？

（放录音或录像。内容为"泰坦尼克"号出事时人们惊慌失措的场面。）

主持人甲发言：同学们，录像看完了，该是你们再次做出选择的时候了。在你的笔划下去之前，请同学们好好想想，你今年才14岁，你的人生才刚刚开始，而且，通过这次旅游你发现世界实在太美好了！你不想死啊！但，妈妈呢？妈妈在过去的岁月里，她给你付出了多少关心和爱护？你喜欢穿什么衣服，喜欢吃什么菜，等等，妈妈全部知道！而且，妈妈为了让你增长见识，拿出了一直舍不得花的钱。你怎样报答妈妈？

205

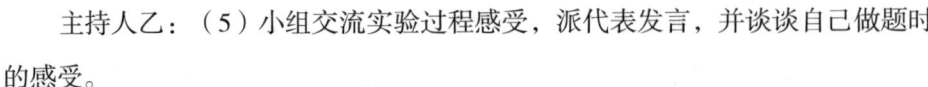

主持人乙：(5)小组交流实验过程感受，派代表发言，并谈谈自己做题时的感受。

学生1：我觉得人一生有很多东西都很重要，只写五项最珍贵的东西，开始我还认为太少了，不足以表现出我对生活的热爱。谁知道后面还要把这五项中的几项删去，我就越来越觉得生命中原来最重要的是亲情。

学生2：以前记得看了一篇文章，说有人从死亡线上挣扎出来，才发现世界上原来有很多东西不重要，如名声啊、工作啊、地位啊等，重要的是与亲人幸福地生活在一起，重要的是活着。

> 学生3：在美国"9·11"世贸大楼被炸毁时，人们发现有一个身价千万的公司老总，在临死之前曾经拨打了4个电话。第一个电话是给他的公司合伙人，但是没有接通，他自己马上就挂了，因为他觉得还有更重要的事情要做。于是，他拨了第二个电话，是给他的朋友的，但是也没有拨通又挂了。时间来不及了，他必须把自己最想打的电话打出去，因为他就要死了，即将随着倾斜的世贸大楼一起死了。第三个电话是给他的律师，也许他想交待什么，但是也一样没有拨通，就被他挂了。他必须抓紧活着的最后一分钟，甚至一秒钟，拨出他最重要的一个电话。最后一个电话，是打给他远在加州的妈妈的，他只说出了一句话，就被倒塌的房子压死了。后来人们根据他手机拨号记录，查到了最后一个惟一打通的电话，问他妈妈，这千万富翁死亡之前说了些什么。那个老太太说，孩子死之前，就只跟他说了一句话，那句话就是：妈妈，我爱你！所以，要是能够把生的机会留给妈妈，我想我愿意自己死去。

学生4：当只剩下我和妈妈的时候，我觉得，我会选择把机会留给妈妈。妈妈这一辈子为我们付出的太多了。在这最后关头，能够让妈妈知道我很爱她，也是我最大的幸福了。所以我毫不犹豫地把自己删除。我相信，像我这样想的同学一定很多，这谈不上什么伟大，只是我们觉得自己应该这样做。

学生5：我热爱自己的生命，但是如果真的发生了像泰坦尼克号所发生的事情那样，我也会像电影中的主人公杰克把生命留给露易丝一样，把生的机会留给妈妈，让妈妈上船。如果妈妈不愿意，坚持要我上，我就先蹦到海里，断了她的念头。(同学笑)

主持人甲：人与人的心都是相通的。更何况是我们与自己最亲、最爱的父母啊!请听听我们同学的心声吧。

9. 学生发言:如何孝敬父母

我觉得我们应该做好以下几个方面,这样才能够体现出我们对父母的孝心和爱:

(1)要主动承担部分家务,积极为父母分忧。

(2)要善于表达爱。例如:妈妈下班时,递上一杯热茶。妈妈做了使你感动的事,你可以说"妈妈,你真好!""妈妈,我永远爱你!"等表示感激的话。

(3)有责任与父母建立民主的沟通方式。

首先是多交流。把学校的生活、交友的情况、对问题的看法多与父母交谈。其次是坦率地说出内心的感受。当意见不统一或父母做法欠妥时,要学会平静地告诉他们你的内心感受。最后是学会互换角色考虑问题。

主持人甲:是的,父母的爱是最无私的情感。我们在问卷调查中,有93%的父母表示,一生中最大的希望是儿女有出息。

主持人乙:请欣赏女声独唱《常回家看看》。

10. 女声独唱:《常回家看看》

主持人甲:有了泥土,嫩芽才会长大。

主持人乙:有了阳光,花儿才会盛开。

主持人合:亲爱的长辈们——你们就是泥土,你们就是阳光!

主持人甲:今天,你们播洒着绿色的希望。

主持人乙:今天,我们孕育着金色的理想。

主持人合:明天,你们会看到枝头的硕果!明天,我们会成为你们的骄傲!明天啊,我们会把沉甸甸的爱洒满人间!

主持人甲：请欣赏男声独唱《懂你》。

11. 男声独唱：《懂你》

主持人乙：其实，我们今天能够幸福地成长，是因为我们还有一个共同的妈妈。

主持人甲：她也在期望我们健康成长，成为新世纪小雏鹰。大家猜猜，这个妈妈是谁？她叫什么名字？

学生齐答：我们共同的妈妈——祖国。

主持人乙：对！是值得我们骄傲的中华人民共和国，她是我们亲爱的妈妈，永远的妈妈。

主持人甲：让我们一起为她唱一首赞歌吧。请听大合唱《祖国妈妈，我爱您》。

12. 大合唱：《祖国妈妈，我爱您》

主持人合：班会到此结束。

全班同学一起大声地说：回报父母，热爱祖国。

（五）班会小结

班会小结

亲情教育是主题班会建设中的重要选题之一，随着时代的发展，人们的家庭结构也渐渐地出现了一些变化，有些父母常年外出工作，不能常常在孩子身边，于是家庭关系越来越冷漠。孩子正处于成长的过程中，很容易误解父母的苦心。通过主题班会的教育作用，要让处于青春期的学生越来越深刻的理解父母的用心良苦，理解父母的爱，知道父母的爱是多么的无私，并且要学会用实际行动回报父母的爱。

第十章　问答式主题班会

问答式主题班会，就是根据主题班会的不同中心，进行侧重性的提问，力求与学生达成互动，问题可由学生之间提出，也可由班主任提出。通过问答的形式使学生对一些知识得到了解，并产生兴趣，培养继续学习的潜在动力；同时在学生讨论的过程中，加大了人和人之间的交流，开阔了视野，在交流的过程中互相学习，也更有助于日后的学习生活，寓教育于无形之中。

问答式主题班会的题材选择适用于社会生活中与学生有关的热点、焦点问题，事件的主题要有一定的渊源，丰富的知识涵盖量，且能够引起学生的广泛兴趣和关注，使学生在学习的过程中充满了无限的渴望，最大限度地调动学生学习的积极性，达到良好的教育目的。

一、班会背景（心动奥运）

随着北京申奥成功之后，2004年雅典奥运会中国取得32块金牌，总奖牌数名列世界第二，仅次于"超级大国"美国，给我国迎办2008年北京奥运，掀起了新的热潮。让中学生了解奥运的有关知识，回顾中国参加奥运的历程，体验申奥成功的幸福与自豪，有助于激发学生对祖国的热爱之情，有助于激励孩子们树立奋发向上、拼搏竞争的情怀。同时，从体育的变化看祖国的腾飞，进一步深化了同学们的爱国主义情感，从小立志，为祖国的繁荣富强而奋斗。

二、班会目的

1. 了解奥运的有关知识。
2. 回顾中国参加奥运的历程,了解中国奥运史。
3. 展望新北京新奥运,激发学生的爱国主义情感。

三、班会准备

1. 大量搜集有关世界奥运和中国奥运的常识资料。
2. 学唱有关奥运歌曲。
3. 分组折叠好精美的千纸鹤和幸运星。
4. 全班分成两个大组,组名自定。
5. 每一板块中都穿插着奥运知识的有奖问答,奖品为同学们准备的手工制品。
6. 制作有关录像片。

四、活动纪实

主持人甲:2001年7月13日,这庄严神圣的一刻,这越过了百年时空凝聚着数代人企盼的时刻,北京与奥运紧紧地连在了一起!北京沸腾了,690万平方千米的土地沸腾了,中华大地回荡着一个声音——"中国!赢了!"

主持人乙:世界选择了中国,奥运选择了北京;奥林匹克的圣火将在北京越烧越旺,神圣的五环在中华儿女心中越系越紧。北京申奥成功了!我们的梦想实现了!中国人胜利了!

主持人甲:我们怎能忘记,忘记那百年屈辱的历史;我们怎能不高歌,高歌新时代的奥运壮歌;我们怎能不激动,让欢乐的泪水纵情地奔涌;让奔放的激情热烈地激荡。

主持人合:我们呼喊着:"中国赢了!"

主持人乙:那声音穿越着五千年的历史,抵达了每一个中华儿女的心房!

主持人甲:那声音穿越了祖国大地,传遍到了世界的天涯海角!

主持人乙:我们高歌着"新北京新奥运",在歌的海洋里,中华儿女手相牵心相连。

主持人合:《心动奥运》主题班会现在开始。

第十章　问答式主题班会

主持人甲：首先请听大合唱《奥林匹克风》。

（一）大合唱：《奥林匹克风》

主持人甲：欢乐的烟花，映红了中华世纪坛的夜空；激动的泪水，在神州大地恣意挥洒。

主持人乙：是啊，为了五环旗下的梦想成真，我们等待了一个漫长的世纪。那是一个不眠之夜，那是一个欢笑的时刻。

主持人甲：奥林匹克风吹到了中国，吹到了北京，也吹到我们的教室里来啦。

主持人乙：在这股吉祥的奥林匹克风中，我们的第一轮奥运知识有奖竞答即将开始。你们两个队做好准备了吗？（生齐答：做好了。）

（二）奥运知识有奖问答

主持人甲：今天的比赛规则是：答对一个题奖一只千纸鹤。到最后来数，看哪一个队的千纸鹤最多，多则为赢，少则为输。怎么样？（学生齐答：好。）

主持人甲：那么，现在，请听第一题：什么是奥林匹克运动？

参考答案：奥林匹克运动，是在奥林匹克主义思想的指导下，以发展体育运动和举行四年一度的奥林匹克庆典为主要活动内容，促进人的生理、心理和社会道德全面发展，沟通各国人民之间的相互了解，在全世界普及奥林匹克主义，维护世界和平的国际社会运动。

主持人乙：请听第二题：请问奥林匹克的格言是什么？是谁提出来的？

参考答案：奥林匹克格言是"更快、更高、更强"。它是国际奥委会对所有参与奥林匹克运动的人们的号召，号召他们本着奥林匹克的精神奋力向上。这句格言是顾拜旦的一位密友迪东于1895年提出的，顾拜旦对此颇为赞赏。经他提议，1913年获国际奥委会正式批准，将其定为奥林匹克格言。1920年它又成为奥林匹克标志的一部分。此外，奥林匹克运动还有一句广为流传的名言："重要的是参加，而不是取胜。"这句名言是对奥林匹克格言的补充，强调的是参与精神。顾拜旦解释说："正如在生活中最重要的事情不是胜利，而是斗争，不是征服，而是奋力拼搏。"

主持人甲：请听第三题：奥林匹克精神是什么？

奥林匹克精神是了解、友谊、团结和公平竞争。

主持人乙：请听第四题：奥林匹克会旗是什么样的？是谁设计的？

参考答案：奥林匹克会旗为白底无边，中央有五个相互套连的圆环，即我们所说的奥林匹克环。环的颜色自左至右为蓝、黄、黑、绿、红。国际奥委会会旗是1913年根据顾拜旦的构思而设计制作的。1914年为庆祝现代奥林匹克运动恢复20周年，在巴黎举行的奥林匹克代表大会上首次升起。历届奥运会开幕式上都有会旗交接仪式。由上届奥运会主办城市的代表将旗交给国际奥委会主席，再由主席将旗递交本届主办城市的市长，然后将旗帜保存在市府大楼，四年后再送交下届主办城市。

主持人甲：请听第五题：奥林匹克五环的标志象征什么？

参考答案：奥林匹克五环是奥林匹克运动的象征。会旗和五个环的含义是，象征五大洲的团结，全世界运动员以公正、坦率的比赛和友好合作的精神，在奥运会上相聚一堂。

主持人乙：请听第六题：奥运圣火的由来是怎样的？哪一年开始实施点燃圣火的仪式？

参考答案：奥林匹克圣火，象征着光明、团结、友谊、和平、正义。圣火，起源于古希腊神话传说。现代奥林匹克运动恢复后，1912年顾拜旦提出了点燃奥林匹克圣火的建议，1928年开始实施点燃奥林匹克圣火的仪式。自1936年开始，奥林匹克圣火从奥运会的故乡希腊奥林匹克点燃火炬，然后将火炬接力传到主办国，并于奥运会开幕前一天到达举办城市，开幕式时进入会场。一般由东道国著名运动员点燃塔上焰火，直到闭幕式时才熄灭。冬季奥运会于1952年开始点燃圣火。

第十章 问答式主题班会

主持人甲：一次次的圣火点燃，一次次的圣火熄灭，伴随着运动员们多少艰辛和汗水，伴随着多少人的悲伤和喜悦。

主持人乙：你看那领奖台上，哪一次的场面上，没有人滚下激动的泪水，哪一个项目，没有凝聚世人的目光？是啊，为了奥林匹克的荣誉，为了爱，多少人付出了自己毕生的心血。下面，让我们暂时轻松一下，来欣赏一首奥运歌曲《只为一个爱》。

（三）女声独唱：《只为一个爱》

主持人乙：金灿灿的奖杯，亮闪闪的奖牌，凝聚多少汗水，凝聚多少爱。听着这动人的旋律，默念着这感人的歌词，我们不禁想起中国与奥运的沧桑历程。

主持人甲：我们向往奥运，我们心动奥运。我们的眼睛在奥运的赛场苦苦寻觅，寻觅着中华儿女的身影。哎，多么失望啊！

主持人乙：时针指着1928年了。谁说奥林匹克的赛场上没有我们中国人的身影？瞧，那不是宋如海吗？现在，我们不再是"东亚病夫"了，因为我们已经走进了新时代。

主持人甲：走进了新时代，我们的心情就情不自禁变得激动。一说起中国与奥运，我们的话就变多了。那好吧，留着激动的话题让比赛选手们说吧！

主持人乙：好，第二轮中国与奥运有奖知识问答开始。请听第七题：我国从何时开始参加奥运会？

参考答案：1907年10月24日，教育家、体育家张伯苓，在天津青年会第五届学校运动会的演说中，建议中国加紧准备，争取早日参加奥运会。1928年，国际奥委会批准我国派团参加在荷兰阿姆斯特丹举行的第九届奥运会。当时，由于准备不足，我国只派了宋如海一人作为观察员出席而未能参加比赛。

主持人甲：请听第八题：我国先后参加了几届奥运会?成绩如何?

参考答案：在1949年以前，中国先后参加了第9、10、11、14届奥运会，由于当时的历史原因，没有取得比较好的体育成绩。1949年以后，我国先后参加了第15、23、24、25、26、27届奥运会，并取得了比较辉煌的成绩。在第23届奥运会上，许海峰为中国夺得了首枚金牌，实现我国奥运金牌"零"的突破。这届奥运会，我国取得了金牌和奖牌总数都名列第四名的好成绩，分别获得了15枚金牌、8枚银牌和9枚铜牌。第25届奥运会上，我国获得金牌16枚、银牌22枚、铜牌16枚，金牌和奖牌总数排世界第4名。第26届奥运会上，我国获金牌16枚、银牌22枚、铜牌12枚，金牌和奖牌总数排世界第4名。2004年第27奥运会上，我们夺得了32枚金牌，总奖牌数、金牌数位居世界第2名！

主持人乙：请听第九题：我国参加了哪几届冬季奥运会?成绩如何?

参考答案：从1980年起，我国先后参加了第13、14、15、16、17、18、19届冬季奥运会。在第16届冬奥会上，我国选手叶乔波为中国赢得了首枚奖牌，实现了冬季奥运会奖牌"零"的突破。在这次冬奥会上，我国获得3枚银牌。在第17届冬奥会上，我国获得银牌1枚、铜牌2枚。在第18届冬奥会上，我国获得银牌6枚、铜牌2枚。

主持人甲：请听第十题：中国运动员有多少个奥运冠军?你能说出其中的10个吗?

参考答案：从第23届奥运会开始，中国一共产生了100多位奥运会冠军，分别是：射击：许海峰、李玉伟、吴晓旋、王义夫、张山、李对红、杨凌；举重：曾国强、吴数德、陈伟强、姚景远、唐灵生、占旭刚、冼东妹；体操：李宁、楼云、马燕红、陆莉、李小双、刘璇；排球：郎平、张蓉芳、杨锡兰、周晓兰、朱玲、梁艳、姜英、侯玉珠、苏慧娟、李延军、杨晓君、郑美珠；（接下页）

第十章 问答式主题班会

> 跳水：周继红、许艳梅、高敏、伏明霞、孙淑伟、熊倪、郭晶晶；游泳：庄泳、钱红、林莉、杨文意、乐靖宜；乒乓球：陈静、陈龙灿、韦晴光、邓亚萍、乔红、吕林、王涛、孔令辉、刘国梁；田径：陈跃玲、王军霞、刘翔；柔道：庄晓岩、孙福明；击剑：栾菊杰；等等。(2004年女排冠军队员略)

主持人乙：今天我们腾飞，飞过昨天的屈辱，飞向明天的辉煌。

主持人甲：今日我们狂欢，不要忘记昨日曾流过的泪水，不要忘记明日还要付出努力。

主持人合：未来将会如何辉煌？明天还会有怎样的奇迹发生？让我们一同来见证吧！

> 主持人甲：请听第十一题：北京为什么要申办奥运会？

> 参考答案：奥运会是世界范围内的体育盛会，在维护和平、增进友谊、促进文明方面具有独特的作用。中国作为世界上具有重要影响的国家，应该为奥林匹克运动在全世界的发展做出应有的贡献，举办奥运会则是这种贡献的最为集中的体现。崇尚奥林匹克精神，参与奥林匹克事务，举办奥运会，也是包括北京市民在内的全中国人民的追求与理想。近些年来，随着改革开放的进一步深入和社会经济的持续发展，我国社会稳定、经济繁荣，综合国力大大增强。北京作为首都，代表中国申办奥运会，能够更全面地反映我国政治、经济、文化各方面的发展水平和发展趋势，更充分地向世界展示我国的形象，同时树立北京文明、开放、发展的现代化国际大都市的形象，有利于北京自身的发展。所以，再次申办奥运会，对于中国人民和北京市民来说，是共享奥运精神、弘扬人类文明、促进东西方文化交流的盛事，也是展示辉煌成就、加强对外开放、促进自身发展的良好契机。

> 主持人乙：请听第十二题：北京申奥的口号是什么？它的内涵是什么？

> 参考答案：北京申奥口号是"新北京，新奥运"。主要内涵是：有三千余年建城史的北京，经过改革开放的洗礼，将以崭新的、多姿多彩的面貌进入新世纪，她将以饱满的热情欢迎全世界的体育健儿和各界朋友，共同参与奥运盛会。经历百年沧桑的现代奥林匹克运动会，在拥有世界人口五分之一的中国举办，使奥林匹克精神得到更广泛的传播，翻开奥林匹克运动的崭新一页。同时，进入新世纪的奥林匹克运动也以全新的面貌向世界人民展示其特有的魅力。

215

> 主持人甲：请听第十三题：北京申奥的会徽是什么组成的？它象征什么？

> 参考答案：北京申奥会徽由奥运五环色构成，形似中国传统民间工艺品的"中国结"，又似一个打太极拳的人形。图案行云流水，和谐生动，充满运动感，象征世界人民团结、协作、交流、发展，携手共创新世纪。表达奥林匹克更快、更高、更强的体育精神。

> 主持人乙：请听第十四题：北京奥申委是怎样组成的？

> 参考答案：北京2008年奥林匹克运动会申办委员会（以下简称"北京奥申委"），是经国务院批准，专门进行2008年奥运会申办工作的办事机构。北京奥申委成立于1999年9月6日，由北京市政府、国家体育总局、中央和国务院有关部门和奥林匹克事务专家，优秀运动员代表，教育界、科技界、文化界人士，企业家和社会其他知名人士组成。北京市原市长刘淇同志任北京奥申委主席，国家体育总局原局长、中国奥委会主席袁伟民同志任执行主席，国家体育总局原党组书记、副局长李志坚同志，北京市原副市长刘敬民同志任常务副主席，国际奥委会原执委何振梁同志、中国奥委会原副主席魏纪中同志任顾问，国际田联原副主席楼大鹏同志任体育主任，中国奥委会原秘书长屠铭德同志和北京市政府原副秘书长王伟同志分别担任秘书长。

展望吧！充分发挥你的想象，一起畅想美好的明天，一起筹划多彩的未来。我们的班会进入第三个板块——新北京，新奥运。

主持人甲：2001年7月13日的这个夜晚，一个不平凡的夜晚。在这晚，多少人洒下了激动的泪水，多少人唱出了心中动情的歌。为了庆祝这个举国欢庆的时刻，我们自编了一个小节目。下面请听三句半表演《申奥成功》。

（四）三句半表演：《申奥成功》

甲：7月13真热闹，

乙：今天北京要申奥，

第十章 问答式主题班会

丙：大家围坐电视边，

丁：——不睡觉！

甲：想起从前真不行，

乙：北京风沙满街行，

丙：风沙你到哪里去？

丁：——钻衣领！

甲：天上只要一下雨，

乙：真像宋江及时雨，

丙：地上可就变了样，

丁：——和稀泥！

甲：如今街道变了样，

乙：道路宽敞有绿草。

丙：人人都来重环保，

丁：——去申奥！

甲：申奥介绍一结束，

乙：各国人民都关注，

丙：紧张心情油然生，

丁：——要投票！

甲：一轮日本被淘汰，

乙：二轮中国得头牌，

丙：萨马兰奇一宣布，

丁：——北京头彩！

甲：举国欢腾齐庆祝，

乙：鞭炮放了可无数。

丙：尽管整夜没闭眼。

丁：——咱高兴！

甲：只是现在我太小，

乙：不然就要去拥抱，

丙：你拥抱谁啊？

丁：——金牌！

甲：真是人小志气高，

乙：北京迎来新奥运，

丙：要说咱们也能干。

丁：——去看！

主持人乙：哇，太棒了。

主持人甲：看，还有更棒的哟。请欣赏诗歌朗诵《奥运雄风》。

（五）诗歌朗诵：《奥运雄风》

世界的东方有一条龙，

神州吹起奥运雄风，

英雄的儿女深情万种，

盼望五环升起绿色的梦。

茫茫的天际有一条彩虹，

浩瀚的大海波涛汹涌，

灿烂的笑容如旭日东升，

照耀五环升起在蓝色的天空。

奥运雄风，风起五洲情浓，

歌唱奥运赛场上的神勇。

奥运雄风，风起万山雷动，

欢颂友谊和平的先锋。

奥运雄风，吹起世界未来的梦。

（六）回放北京申奥纪录片

解说词：

2001年7月13日，在莫斯科世界贸易中心，全世界的目光都聚集在那里。国

第十章 问答式主题班会

际奥委会第112次全会在这里进行2008年奥运会主办城市的投票。从上午开始，日本的大阪、法国的巴黎、加拿大的多伦多、中国的北京和土耳其的伊斯坦布尔，依次进行最后的陈述。随后，国际奥委会的委员进行了投票。

第一轮，没有过半的日本大阪因票数低出局。

第二轮，北京以56票超过半数胜出，领先同样被看好的城市多伦多34票，以绝对优势获得了2008年奥运会的举办权。当国际奥委会主席萨马兰奇先生向世界宣布"2008年奥运会举办城市——北京！"的那一瞬间，辛勤奋战了3年的北京申奥代表团的同志们一跃而起，紧紧地拥抱在一起，流下了激动的热泪。

主持人甲：在逝去的时光中，我们有欢笑也有泪水，在未来的岁月里，我们手拉手一起向前。

主持人乙：种下希望的小树，让它见证北京的变化！

主持人甲：放飞理想的白鸽，让它飞向美好的明天！

主持人齐：历史，请祝福我们！未来，请等待我们！我们注视着东方巨龙的腾飞。同学们，让我们再次感受爱国主义情怀，高歌奥运主题曲《我们是朋友》吧！

（七）合唱奥运主题歌曲：《我们是朋友》

主持人齐：我们的班会到此结束。谢谢大家的参与。

五、班会小结

> 主题班会的召开，可以增强班集体的凝聚力，进一步促进了学生之间的互相了解，不仅升华了爱国情怀，培养了学生爱国、爱家、关心时事的主人翁精神，同时，也锻炼了能力，大大有益于集体的积极进步。
>
> "风声、雨声、读书声，声声入耳；家事、国事、天下事，事事关心。"在素质教育的今天，在课程改革的大潮中，学生已不再是那种死读书的书呆子。他们不仅知识全面，而且关心时事，关心着祖国与未来。对于教师来说，更要积极培养学生的集体荣誉感和爱国情操，主题班会等活动可以提高学生的口头表达能力，锻炼他们的演讲能力，增强想象力，使学生们在成功和快乐的体验中感受着教育的魅力。

参考文献

1. 刘裕权主编. 班队活动集[M]. 成都：四川教育出版社，2003.

2. 甘泉主编. 校园主题班会实用手册[M]. 成都：四川文艺出版社，2004.

3. 章叶英主编. 班级主题活动操作与案例[M]. 北京：华龄出版社，2004.

4. 孙汉春主编. 班会活动设计方案[M]. 北京：西苑出版社，2004.

5. 蒋长好，王伟主编. 校园活动课指导[M]. 重庆：南海出版社，2004.

6. 吴广川，袁承为主编. 中学班会团日活动范本[M]. 长春：吉林人民出版社，1997.

7. 佐科，刘欣主编. 中学生主题班会例选[M]. 太原：山西教育出版社，1992.

8. 王晓春主编. 今天怎样做教师[M]. 上海：华东师大出版社，2005.

9. 赖华强主编. 班主任工作案例教程[M]. 广州：暨南大学出版社，2004.

10. 李燕主编. 让学生主动说心里话[M]. 北京：九州出版社，2006.

11. 丁如许主编. 中学班会课[M]. 上海：格致出版社，2006.

12. 陈志聪主编. 校园履痕[M]. 昆明：云南教育出版社，2005.

13. 温建华，肖桂凤主编. 心灵之航——欣赏型德育的活动模式研究[M]. 合肥：安徽教育出版社，2006.

14. 董海龙主编. 校园活动策划手册（中学版）[M]. 长春：吉林文史出版社，2005.